KB248564

일상회화사전

JJ일어연구회 엮음

정진출판사

엮은이

JJ일어연구회

JJ일어연구회는 일본어 교재 기획·연구 및 집필활동을 통해 독자들의 수요에 부응할 수 있는 다양한 실용 일본어 교재를 펴내고 있습니다.

편저_ 『상황 일본어회화124』 외 다수

녹음 이노우에 미유키 원어민, EBS 라디오 일본어 강사
고가사토 원어민

언어디서나 제통하는 일본어 일상회화사전

초판 1쇄 발행 2008년 11월 20일
18쇄 발행 2025년 9월 10일

엮은이 JJ일어연구회
발행인 박해성
발행처 정진출판사

책임편집 김해영, 박주홍
디자인 허다경

주소 서울시 성북구 하월곡동 10-6호
TEL (02) 917-9900 FAX (02) 917-9907
www.jeongjinpub.co.kr / jj1461@chollian.net

출판등록 1989년 12월 20일 제6-95

ISBN 978-89-5700-083-0 *13730

정가 11,000원

• 잘못 만들어진 책은 바꿔 드립니다.

　일본어는 우리나라의 어법과 비슷하여 많은 사람들이 쉽게 배우고 있는 언어로 자리잡고 있습니다. 그러나 기초 단계에서 그만 두는 학습자가 대부분이라 실제로 필요한 일상회화는 거의 못하는 경우가 많습니다. 어느 정도 일본어를 공부했음에도 막상 외국인과 대화를 하려고 하면 적절한 단어나 문장이 떠오르지 않아 말문이 막혔던 경험이 있을 것입니다.

　이 책은 실제로 외국인과 원활한 의사소통이 가능하도록 일상적인 상황에서 자주 쓰이는 일본어 표현을 다루었습니다. 가장 기본적인 인사부터 특수한 상황에서 쓰이는 표현까지 알기 쉽도록 정리하였습니다.

- 「기본표현」을 통해 간단한 대화를 연습하고「표현늘리기」로 다양한 표현을 배울 수 있도록 하였습니다.
- 「Tip」에서는 문법설명이나 어구설명, 생활정보 등 본문에서 다루지 못한 부분들을 보충하였습니다.
- 「단어늘리기」에서는 본문에 나오는 단어를 중심으로 기본단어, 본문과 관련되는 단어를 보충단어로 분류하여 보다 많은 단어를 습득할 수 있도록 하였습니다.
- 「일본 엿보기」 코너를 통해 일본 문화를 소개하고 일본을 이해하기 쉽도록 하였습니다.

　일본어는 원래 띄어쓰기를 하지 않는 것이 원칙이나, 초보자들을 위해 읽기 편하도록 단어 단위로 간격을 두어 표기하였으며, 실제 발음에 가깝도록 한글 발음을 따로 표기했습니다.

　부디 본 교재가 일본어에 한걸음 더 다가갈 수 있는 계기가 되기를 바랍니다.

차례

발음편 : 일본어의 문자와 발음

제1장　　인사

- 보충단어　　인사표현
- 일본 엿보기　　歌舞伎 (가부키)

제2장　　소개

- 보충단어　　지시대명사 / 국가 / 성씨 / 직업 / 전공
- 일본 엿보기　　お風呂 (목욕)

4

차례

Contents

<table>
<tr><td>제9장</td><td>회사생활</td></tr>
</table>

<table>
<tr><td>제10장</td><td>전화</td></tr>
</table>

차례

Contents

차례

<table>
<tr><td>제17장</td><td>여러가지 상황</td></tr>
</table>

<table>
<tr><td>Fulu</td><td>부록</td></tr>
</table>

일본어의 문자와 발음

1. 일본어의 문자
2. 오십음도
3. 발음과 표기법

1 일본어의 문자

1. 가나 - 仮名(かな)

가나는 일본의 고유문자로, 히라가나(ひらがな)와 가타카나(カタカナ)로 나뉜다. 히라가나는 한자의 초서체를 본떠서 간단하고 부드럽게 만든 문자이고, 가타카나는 한자의 자획 일부분을 따거나 한자의 획을 간단히 해서 만든 문자이다. 현대 일본어에서 히라가나는 인쇄·필기의 모든 경우에 사용되는 기본 문자이지만 가타카나는 사용하는 범위가 다음과 같이 다소 제한되어 있다.

> ① 외래어
> ② 외국의 고유명사
> ③ 경우에 따라서 의성어·의태어도 가타카나로 표기
> ④ 동·식물명
> ⑤ 전보문
> ⑥ 어떤 감정을 강조할 때

2. 한자

우리나라에서 한자와 한글을 혼용하여 쓰고 있듯이, 일본에서도 한자와 일본 문자인 가나를 함께 쓰고 있다. 일본에서는 한자를 읽을 때 음독(音読), 훈독(訓読) 또는 음훈을 섞어서 읽는다. 음독은 한자를 일본어화한 음으로 읽는 법이고, 훈독은 한자의 뜻으로 읽는 법이다.

예) 東 → とう(음독), ひがし(훈독)

2 오십음도

히라가나와 가타카나를 발음체계에 따라 5단 10행으로 배열한 것을 오십음도(五十音図)라 부른다.

	히라가나(ひらがな)					가타카나(カタカナ)				
あ行	あ a	い i	う u	え e	お o	ア a	イ i	ウ u	エ e	オ o
か行	か ka	き ki	く ku	け ke	こ ko	カ ka	キ ki	ク ku	ケ ke	コ ko
さ行	さ sa	し si	す su	せ se	そ so	サ sa	シ si	ス su	セ se	ソ so
た行	た ta	ち chi	つ tsu	て te	と to	タ ta	チ chi	ツ tsu	テ te	ト to
な行	な na	に ni	ぬ nu	ね ne	の no	ナ na	ニ ni	ヌ nu	ネ ne	ノ no
は行	は ha	ひ hi	ふ hu	へ he	ほ ho	ハ ha	ヒ hi	フ hu	ヘ he	ホ ho
ま行	ま ma	み mi	む mu	め me	も mo	マ ma	ミ mi	ム mu	メ me	モ mo
や行	や ya		ゆ yu		よ yo	ヤ ya		ユ yu		ヨ yo
ら行	ら ra	り ri	る ru	れ re	ろ ro	ラ ra	リ ri	ル ru	レ re	ロ ro
わ行	わ wa				を wo	ワ wa				ヲ wo
	ん n					ン n				

3 발음과 표기법

일본어인 가나(仮名)는 모음(母音), 반모음(反母音), 자음(子音)으로 이루어져 있다. 이 세 가지를 발음상으로 구분하면, 청음(清音)·탁음(濁音)·반탁음(半濁音)·요음(拗音)·발음(撥音)·촉음(促音)·장음(長音) 등의 7가지로 나누어진다.

1. 모음

일본어의 모음은 「あ·い·う·え·お」의 다섯 글자로, 발음은 영어의 「a·i·u·e·o」와 비슷하다.

2. 반모음

반모음은 「や·ゆ·よ·わ」의 네 글자로, 발음은 영어의 「ya·yu·yo·wa」와 비슷하다.

3. 자음

오십음도 중 모음과 반모음을 제외한 나머지는 모두 자음이며, 일본어에서 자음은 독립되어 쓰이지 않고, 언제나 모음과 결합하여 소리가 난다. 즉, '자음+모음'의 형태로 쓰인다.

4. 발음상의 분류

(1) 청음

오십음도에 나오는 각 음절에 탁음이나 반탁음 기호를 붙이지 않은 글자를 청음이라고 한다.

예) あ·か·さ·た·な·は·ま·や·ら·わ…

(2) 탁음

탁음은 청음「か·さ·た·は」행의 글자에 탁음 부호「ﾞ」를 붙여서 발음하는 것을 말한다. 이 발음들은 우리말로는 정확하게 표현할 수 없는 음으로, 영어의「g·z·d·b」음과 같이 발음하면 된다.

예) が·ざ·だ·ば…

(3) 반탁음

청음의 다섯 자「は·ひ·ふ·へ·ほ」글자에 반탁음 부호인「ﾟ」가 붙은 음을 말한다. 이 다섯 글자는 단어의 첫머리에 오면 영어의「p」음과 비슷하나, 단어의 중간이나 끝에 붙을 때에는 우리말의「ㅃ」과 비슷하게 발음된다.

예) ぱ·ぴ·ぷ·ぺ·ぽ

(4) 요음

요음이란 자음의 い행 다음에 반모음「や·ゆ·よ」가 작은 글자로 붙어 한 음절로 발음되는 복합음을 말한다. 우리말로는「자음+야·유·요」로 표기할 수 있다.

예) きゃ·きゅ·きょ·しゃ·しゅ·しょ…

(5) 발음

발음「ん」은 콧소리로서 다른 글자의 받침으로 쓰이나, 우리말과는 달리 하나의 음절의 길이를 갖는다. 「ん」은 그 다음에 오는 자음의 발음이 따라「ㄴ·ㅁ·ㅇ」으로 발음된다.

예) しんせつ → 신세쯔   しんぶん → 심붕   げんき → 겡끼

(6) 촉음

つ를 작게 써서 표시하며 우리말의 받침과 같이 사용한다. 주로「ㅅ」으로 발음되나 다음에 오는 자음의 발음에 따라「ㅂ·ㄱ」등으로 조금씩 다르게 발음되기도 한다.

예) ざっし → 잣시   きっぷ → 킵뿌   がっこう → 각코-

(7) 장음

한 음절분의 길이를 가지고 길게 발음하는 것을 장음이라 하는데 あ단 다음에는 あ, い단 다음에는 い, う단 다음에는 う, え단 다음에는 え·い, お단 다음에는 お·う가 붙는 것이 원칙이다.

예) おかあさん → 오카-상   おじいさん → 오지-상
    くうき → 쿠-키   せんせい → 센세-
    ばんごう → 방고-

본문에 한글로 표기된 발음은 가능한 한 실제 발음에 가깝게 표기한 것이라고는 하지만 실제 발음과는 차이가 있으니 참고만 하시고, 정확한 발음은 제공되는 미니 해설 mp3 CD의 원어민 발음을 듣고 따라하시기 바랍니다.

인사

A : おはようございます。
오하요-고자이마스

B : おはようございます。
오하요-고자이마스

A : 안녕하세요?(아침인사)
B : 안녕하세요?(아침인사)

표현늘리기

■ 안녕하세요?(낮인사)

こんにちは。
곤니찌와

■ 안녕하세요?(저녁인사)

こんばんは。
곰방와

■ 어젯밤은 푹 주무셨어요?

ゆうべは ぐっすり ねむれましたか。
유-베와 굿스리 네무레마시타까

■ 안녕히 주무셨습니까?

よく お休みに なられましたか。
요꾸 오야쓰미니 나라레마시타까

■ 날씨가 좋네요.

いい 天気ですね。

이- 텡끼데쓰네

■ 오늘 기분은 어떠십니까?

今日の ご気分は いかがですか。

쿄-노 고키붕와 이카가데스까

■ 몸은 어때요?

体の 調子は どうですか。

카라다노 쵸-시와 도-데스까

■ 무슨 좋은 일이라도 있습니까?

何か いいことでも ありますか。

나니까 이이코또데모 아리마스까

■ 별다른 일은 없었나요?

変わったことは ないですか。

카왓따코또와 나이데스까

■ 안녕히 주무세요.

おやすみなさい。

오야스미나사이

Tip

「おはようございます」는 원래 아침에 하는 인사말이지만 저녁에 출근하는 사람들이 처음 만났을 때에 쓰기도 합니다. 동료간이나 손아랫사람에게는 간단하게 「おはよう(안녕)」라고만도 합니다. 일본의 인사말은 우리나라와는 달리 아침·점심·저녁이 다릅니다.

A : はじめまして。金^{キム}です。
하지메마시떼 김데스

B : はじめまして。小林^{こばやし}です。
하지메마시떼 고바야시데스

A : 처음 뵙겠습니다. 김입니다.
B : 처음 뵙겠습니다. 고바야시입니다.

표현늘리기

■ 만나 뵙게 되어 기쁩니다.

お会^あいできて うれしいです。
오아이데키떼 우레시-데스

■ 알게 되어 기쁘게 생각합니다.

お知^しり合^あいに なれて うれしく 思^{おも}います。
오시리아이니 나레떼 우레시쿠 오모이마스

■ 만나서 반갑습니다.

お目^めに かかれて うれしいです。
오메니 카카레떼 우레시-데스

■ 저는 김이라고 합니다.

わたしは 金^{キム}と 申^{もう}します。
와따시와 김토 모-시마스

20

■ 성함이 어떻게 되세요?

お名前は 何と おっしゃいますか。
오나마에와 난또 옷샤이마스까

■ 죄송합니다. 자기 소개가 늦어졌습니다.

すみません。自己紹介が 遅く なりました。
스미마셍 지코쇼-까이가 오소꾸 나리마시따

■ 말씀 많이 들었습니다.

うわさは 聞いてました。
우와사와 키이떼마시따

■ 잘 부탁드립니다.

どうぞ よろしく お願いします。
도-죠 요로시쿠 오네가이시마스

■ 저야말로 잘 부탁드립니다.

こちらこそ よろしく。
고치라코소 요로시쿠

■ 어디서 만난 적 없습니까?

どこかで お会いしたことは ありませんか。
도코카데 오아이시타코또와 아리마셍까

Tip

상대방으로부터 누군가를 소개받았을 때에는 「はじめまして」라고 하며 자신의 신분을 밝히고 명함을 주고받는 것이 예의입니다.

기본표현

A : おひさしぶりですね。お元気ですか。
오히사시부리데스네 오겡끼데스까

B : おかげさまで 元気です。
오카게사마데 겡끼데스

A : 오랜만이네요. 건강하세요?
B : 덕분에 건강해요.

표현늘리기

■ 정말 오래간만이군요.

本当に ひさしぶりですね。
혼또-니 히사시부리데스네

■ 오래간만이네요.

しばらくですね。
시바라꾸데스네

■ 정말 오래간만입니다.

本当に しばらくでした。
혼또-니 시바라꾸데시타

■ 야, 몇 년만입니까?

やあ、何年ぶりですか。
야- 난넨부리데스까

■ 3년만이군요.

３年ぶりですね。

산넴부리데스네

■ 여전하군요.

相変わらずですね。

아이카와라즈데스네

■ 건강해 보이네요.

元気そうですね。

겡키소-데스네

■ 별일 없으셨습니까?

お変わり ありませんでしたか。

오카와리 아리마센데시타까

■ 뵙고 싶었습니다.

お会いしたかったです。

오아이시타캇따데스

■ 그동안 별일 없으셨나요?

その後 お変わり ありませんか。

소노고 오카와리 아리마셍까

Tip

「おひさしぶり」는 오랜만에 만났을 때 하는 인사말입니다. 비슷한 표현으로 「격조했습니다」라는 의미의 「ごぶさたしました」를 사용하기도 합니다. 「お元気ですか」는 꼭 건강을 묻는다기보다는 「별일 없으세요?」 하는 의미로 쓰입니다.

기본표현

A : お仕事の ほうは うまく いって いますか。
오시고또노 호–와 우마꾸 잇떼 이마스까

B : 何とか やって おります。
난토까 얏떼 오리마스

A : 하시는 일은 잘 되세요?
B : 그럭저럭 하고 있습니다.

표현늘리기

■ 하시는 일은 바쁘세요?
お仕事は いそがしいですか。
오시고또와 이소가시–데스까

■ 아주 바쁩니다.
とても いそがしいです。
도테모 이소가시–데스

■ 요즘 어떻게 지내십니까?
この頃 どう 過ごされて いますか。
고노고로 도– 스고사레떼 이마스까

■ 요즘은 어떠십니까?
この頃は いかが ですか。
고노고로와 이카가데스까

■ 그저 그래요.

まあまあです.
마-마-데스

■ 부모님은 건강하십니까?

ご両親は　お元気ですか。
고료-신와 오겡끼데스까

■ 사업은 잘 되세요?

ご商売の　ほうは　うまく　いって　いますか。
고쇼-바이노 호-와 우마꾸 잇떼 이마스까

■ 하시는 일은 잘 되십니까?

お仕事の　ほうは　順調ですか。
오시고또노 호-와 쥰쬬-데스까

■ 덕분에 잘 지냅니다.

おかげさまで　元気で　やって　います。
오카게사마데 겡끼데 얏떼 이마스

■ 건강하게 지내고 있습니다.

元気で　過ごして　います。
겡끼데 스고시떼 이마스

Tip

　「お仕事(しごと)」에서의 「お」는 존경의 뜻을 나타내는 접두어입니다.
「しごと」는 원래 「일, 직업」이라는 뜻의 단어인데, 상대방에게 예의를 갖춘
표현으로 존경의 접두어 「お」를 붙여 「お仕事」라고 하는 것입니다.

기본표현

A : じゃ、また 会いましょう。
쟈 마타 아이마쇼-

B : じゃ、また あした。
쟈 마타 아시타

A : 그럼 또 뵙죠.
B : 그럼 내일 또 (뵙시다).

표현늘리기

■ 이제 가보겠습니다.

もう おいとまいたします。
모- 오이토마이따시마스

■ 그럼 슬슬 가보겠습니다.

それじゃ、そろそろ 行きます。
소레쟈 소로소로 이키마스

■ 사토 씨에게도 안부 전해 주세요.

佐藤さんにも よろしく お伝え ください。
사토-산니모 요로시쿠 오쯔타에 쿠다사이

■ 또 뵙죠.

また お会いしましょう。
마타 오아이시마쇼-

■ 그럼 그때 다시 (뵙겠습니다).

それじゃ、また その 時<ruby>とき</ruby>に。
소레쟈 마타 소노 토끼니

■ 언제 가까운 시일에 또 만납시다.

いずれ また 近いうちに また 会いましょう。
이즈레 마타 치카이우찌니 마타 아이마쇼-

■ 안녕히 가세요.

さようなら。
사요-나라

■ 안녕히 가세요.

ごきげんよう。
고키겡요-

■ 조심해서 들어가세요.

気を つけて お帰り ください。
키오 쯔케떼 오카에리 쿠다사이

■ 그럼 조심해서 가세요.

では、気を つけて。
데와 키오 쯔케떼

Tip

「それじゃ」는 「それでは」의 회화체입니다. 가볍게 화제를 전환하고자 할 때 「그럼」, 「자, 그럼」이라고 하는 의미로 쓰입니다.

기본표현

A : 行って きます。
잇떼 키마스

B : 行って いらっしゃい。
잇떼 이랏샤이

A : 다녀오겠습니다.
B : 다녀오세요.

표현늘리기

■ 다녀오겠습니다.
行って まいります。
잇떼 마이리마스

■ 몇 시까지 들어오세요?
何時までに 帰りますか。
난지마데니 카에리마스까

■ 늦게 들어오시나요?
お帰りは 遅いんですか。
오카에리와 오소인데스까

■ 아니요, 곧 돌아옵니다.
いいえ、すぐ 帰ります。
이-에 스구 카에리마스

■ 오후 8시까지 돌아옵니다.

午後　8時まで　帰ります。
고고 하찌지마데 카에리마스

■ 다녀오세요.

いってらっしゃい。
잇떼랏샤이

■ 지금 돌아왔습니다.

ただいま　帰りました。
타다이마 카에리마시따

■ 다녀왔습니다.

ただいま。
타다이마

■ 어서 오세요.

お帰りなさい。
오카에리나사이

Tip

　외출했다 돌아와서 「ただいま」라고 하면 집에 있던 사람은 들어오는 사람이 손윗사람이든 손아랫사람이든 상관없이 「おかえりなさい」라고 대답합니다.

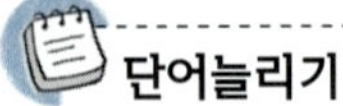 단어늘리기

기본단어

ゆうべ	유-베	어젯밤
ぐっすり	굿스리	푹
眠る	네무루	자다, 잠들다
気分	키붕	기분
体	카라다	몸
調子	쵸-시	상태
相変わらず	아이카와라즈	변함없이, 여전히
元気	겡끼	건강함, 활발함
いい	이이	좋다
わるい	와루이	나쁘다
自己紹介	지코쇼-까이	자기소개
私	와따시	나, 저
名前	나마에	성함
申す	모-스	'말하다'의 공손한 말씨
会う	아우	만나다
知り合い	시리아이	서로 앎, 아는 사이
うれしい	우레시-	기쁘다, 반갑다
聞く	키쿠	듣다
ひさしぶり	히사시부리	오래간만
しばらく	시바라꾸	오래간만, 잠깐, 잠시
仕事	시고또	일, 업무, 직업
商売	쇼-바이	사업, 장사

30

とても	도테모	매우, 대단히
このごろ	고노고로	요즘, 최근
どう	도―	어떻게
過ごす	스고스	(시간을) 보내다, 살아가다
いそがしい	이소가시―	바쁘다
順調	쥰쵸―	순조로운
そろそろ	소로소로	슬슬
行く	이쿠	가다
伝える	쯔타에루	전하다
帰る	카에루	돌아오다, 돌아가다
来る	쿠루	오다

보충단어

[인사표현]

おやすみなさい	오야스미나사이	안녕히 주무세요
ごきげんよう	고키겡요―	안녕하십니까, 안녕히 가세요
さようなら	사요―나라	안녕히 가세요
バイバイ	바이바이	안녕(헤어질 때)
はじめまして	하지메마시떼	처음 뵙겠습니다
すみません	스미마셍	죄송합니다
ただいま	타다이마	다녀왔습니다, 지금, 현재
おかえりなさい	오카에리나사이	어서 오세요

歌舞伎 가부키

가부키는 일본의 대중적인 극장예술로서 리듬이 있는 광대의 대사, 독특한 춤, 샤미센의 음악, 화려한 의상, 선명한 분장, 세련된 무대장치 등이 잘 조화되어 가부키의 특징을 이루고 있습니다. 무대가 회전하기도 하고 공중을 날기도 하고 위에서 뛰어내리거나 계단이 접히면서 바닥에서 갑자기 등장하는 등 화려한 무대장치가 눈을 즐겁게 해 줍니다.

그러나 공연시간이 꽤 길어서 오전부터 오후까지 거의 하루를 소비해야만 완전한 극을 볼 수 있습니다. 그 때문에 중간에 무료로 도시락이 제공되는데, 이 도시락이 꽤 고급스러워서 가부키와 더불어 도시락을 즐기려고 관람하는 사람들도 있을 정도입니다. 또한, 학생들이나 관광객들을 대상으로 공연 일부를 볼 수 있는 표도 제공되는데, 좋은 자리는 아니지만 비교적 싼 가격으로 가부키를 관람할 수 있습니다.

제 2 장

소개

Part 01

소개해 드리겠습니다.

기본표현

A : ご紹介いたします。こちらは 小林さんです。
고쇼-카이이따시마스 고찌라와 고바야시산데스

B : はじめまして、中村です。よろしく お願いします。
하지메마시떼 나카무라데스 요로시꾸 오네가이시마스

A : 소개해 드리겠습니다. 이분은 고바야시 씨입니다.
B : 처음 뵙겠습니다, 나카무라입니다. 잘 부탁드립니다.

표현늘리기

■ 제게 그분을 소개시켜 주시지 않겠습니까?

私に その かたを ご紹介 いただけませんか。
와따시니 소노 카따오 고쇼-카이 이타다케마셍까

■ 이쪽은 제 안사람이고, 이쪽은 제 아들 지로입니다.

これは 妻で、これは 息子の 次郎です。
고레와 쯔마데 고레와 무스코노 지로-데스

■ 제 남편입니다.

うちの 主人です。
우찌노 슈진데스

■ 저희 과장님입니다.

うちの 課長です。
우찌노 카쵸-데스

■ 이분이 다나카 씨입니다.

こちらが 田中さんです。

고찌라가 다나카산데스

■ 야마다라고 합니다. 잘 부탁드립니다.

山田と 申します。 よろしく お願いします。

야마다토 모-시마스 요로시쿠 오네가이시마스

■ 야마다 씨, 이쪽은 다나카 씨입니다.

山田さん、こちらは 田中さんです。

야마다상 고찌라와 다나카산데스

■ 스즈키 씨를 소개하겠습니다.

鈴木さんを 紹介しましょう。

스즈키상오 쇼-카이시마쇼-

■ 오노 과장님입니다.

課長の 大野さんです。

카쵸-노 오-노산데스

Tip

「こちら」는 원래 「이쪽」이라는 뜻으로 쓰이지만 자신에게 가까운 사람을 공손히 지칭할 때에는 「이분」이라는 뜻으로도 쓰입니다. 또한 자신이 속해 있는 집단이나 그 구성원을 가리킬 때에는 「うちの〜」로 표현합니다.

기본표현

A : あの　かたは　どなたですか。
아노 카따와 도나타데스까

B : あの　ひとは　小林さんです。
아노 히또와 고바야시산데스

A : 저분은 누구세요?
B : 저 사람은 고바야시 씨입니다.

표현늘리기

■ 저의 선배[후배]입니다.

わたしの　先輩[後輩]です。
와따시노 셈빠이[코-하이]데스

■ 그는 나의 상사[부하]입니다.

その　人は　わたしの　上司[部下]です。
소노 히또와 와따시노 죠-시[부카]데스

■ 우리는 같은 회사에서 일을 하고 있습니다.

わたしたちは　同じ　会社で　仕事を　して　います。
와따시타찌와 오나지 카이샤데 시고또오 시떼 이마스

■ 우리는 아는 사이입니다.

わたしたちは　知り合いです。
와따시타찌와 시리아이데스

■ 야마다와 저는 어렸을 적 친구입니다.

山田と 私は 幼なじみです。

야마다또 와따시와 오사나나지미데스

■ 그는 내 친구입니다.

その 人は 私の 友人です。

소노 히토와 와따시노 유-진데스

■ 새로 입사한 신입사원입니다.

新しく 入社した 新入社員です。

아타라시꾸 뉴-샤시따 신뉴-샤인데스

■ 우리 회사의 영업부장님입니다.

うちの 会社の 営業部長です。

우찌노 카이샤노 에-교-부쵸-데스

■ 우리는 같은 대학교를 나왔습니다.

わたしたちは 同じ 大学を 出ました。

와따시타찌와 오나지 다이가꾸오 데마시따

■ 같은 회사에 근무하는 동료입니다.

同じ 会社に 勤める 同僚です。

오나지 카이샤니 쯔토메루 도-료-데스

Tip

「かた」는 「ひと」를 높여 부르는 말이고 「どなた」는 「だれ」의 공손한 말입니다. 또한 「〜たち」는 두 명 이상의 사람을 표현할 때 쓰는 「〜들」이라는 말입니다.

기본표현

A : お名前は 何と おっしゃいますか。
오나마에와 난또 옷샤이마스까

B : 中村です。
나카무라데스

A : 성함이 어떻게 되십니까?
B : 나카무라입니다.

표현늘리기

■ 정진상사의 김입니다.
正進商事の 金です。
정진쇼-지노 김데스

■ 한자가 어떻게 되십니까?
どんな 漢字ですか。
돈나 칸지데스까

■ 명함입니다. 받으시죠.
名刺です。 どうぞ。
메-시데스　도-죠

■ 명함을 주시겠습니까?
お名刺を いただけますか。
오메-시오 이타다케마스까

■ 죄송합니다만, 명함이 없습니다.

すみませんが、名刺が ありません。

스미마셍가 메-시가 아리마셍

■ 마침 명함이 다 떨어져서요.

ちょうど 名刺を 切らして しまって。

쵸-도 메-시오 키라시테 시맛떼

■ 명함이 마침 가지고 있는 게 없습니다.

名刺の 持ち合わせが ありません。

메-시노 모찌아와세가 아리마셍

■ 명함을 드리겠습니다.

名刺を さしあげます。

메-시오 사시아게마스

■ 죄송합니다만, 성함을 여쭤봐도 되겠습니까?

失礼ですが、お名前を うかがっても よろしいですか。

시쯔레-데스가 오나마에오 우카갓떼모 요로시-데스까

■ 다나카라고 불러주세요.

田中と 呼んで ください。

다나카또 욘데 쿠다사이

Tip

일본인들은 성만 해도 10만 가지가 넘을 정도이고 읽는 방법도 그에 못지 않게 많기 때문에 명함을 받았을 때 받아든 자리에서 한자의 읽는 방법을 물어 봐도 실례가 되지 않습니다.

기본표현

A : 金さんは　韓国人ですか。
김상와 강코꾸진데스까

B : はい、わたしは　韓国人です。
하이 와따시와 강코꾸진데스

A : 김씨는 한국인입니까?
B : 네, 저는 한국인입니다.

표현늘리기

■ 당신의 국적은 어디입니까?

あなたの　国は　どこですか。
아나따노 쿠니와 도꼬데스까

■ 영국입니다. 친씨는요?

イギリスです。チンさんは。
이기리스데스 친상와

■ 저는 중국인입니다.

わたしは　中国人です。
와따시와 츄-고꾸진데스

■ 저는 미국인입니다.

わたしは　アメリカ人です。
와따시와 아메리카진데스

■ 일본어는 어디서 배우셨나요?

日本語は どこで 習いましたか。

니홍고와 도꼬데 나라이마시타까

■ 학원에서 배웠습니다.

塾で 習いました。

쥬쿠데 나라이마시따

■ 일본어를 할 줄 아나요?

日本語が 話せますか。

니홍고가 하나세마스까

■ 일본어를 공부하려고 유학 중입니다.

日本語を 勉強しに 留学しています。

니홍고오 벵쿄-시니 류-가꾸시떼이마스

■ 일 때문에 일본에 왔습니다.

仕事で 日本に 来ました。

시고또데 니혼니 키마시따

■ 관광하러 왔습니다.

観光で 来ました。

캉코-데 키마시따

Tip

국적을 말할 때는 「〜人です(~인입니다)」로 표현하면 됩니다. 「어디에서 오셨습니까?」라고 물어보면 한국어와 마찬가지로 「~(나라이름)です」라고 대답하면 됩니다.

A : ご職業は 何ですか。
고쇼꾸교-와 난데스까

B : わたしは 学生です。
와따시와 각세-데스

A : 직업이 뭐에요?
B : 저는 학생입니다.

표현늘리기

■ 무슨 일을 하세요?
お仕事は。
오시고또와

■ 실례합니다만, 직업은요?
失礼ですが、ご職業は。
시쯔레-데스가 고쇼꾸교-와

■ 저는 신문사에서 일하고 있습니다.
わたしは 新聞社に つとめて います。
와따시와 심분샤니 쯔토메떼 이마스

■ 저는 가정주부입니다.
わたしは 家庭の主婦です。
와따시와 카테-노슈후데스

■ 무역회사를 경영하고 있습니다.

貿易会社を　経営して　います。

보-에끼가이샤오 케-에-시떼 이마스

■ 연극을 하고 있습니다.

演劇を　して　います。

엥게끼오 시떼 이마스

■ 미술공부를 하고 있습니다.

美術の　勉強を　して　います。

비쥬쯔노 벵쿄-오 시떼 이마스

■ 저는 은행에 다니고 있습니다.

私は　銀行に　つとめて　います。

와따시와 깅꼬-니 쯔토메떼 이마스

■ 일본어 통역 가이드를 하고 있습니다.

日本語の　通訳ガイドを　やって　います。

니홍고노 쯔-야꾸가이도오 얏떼 이마스

■ 저는 전문학교에서 음악을 공부하고 있습니다.

私は　専門学校で　音楽を　勉強して　います。

와따시와 셈몽각꼬-데 옹가꾸오 벵쿄-시떼 이마스

Tip

우리나라에서는 중고등학생이든 대학생이든 모두 「学生」라고 표현하지만, 일본에서는 중고등학생을 「生徒(せいと)」라고 하고 「学生」는 대학생을 가리킵니다. 또, 학년을 말할 때도 「学年(がくねん)」이 아니라 「～年生(ねんせい)」라고 합니다.

기본표현

A : 会社で 何の おしごとを して いますか。
카이샤데 난노 오시고토오 시떼 이마스까

B : 販売業務を 担当して います。
함바이교-무오 단토-시떼 이마스

A : 회사에서 무슨 일을 하세요?
B : 판매업무를 담당하고 있습니다.

표현늘리기

■ 대학에서 무엇을 전공하고 계세요?
大学で 何を 専攻して いらっしゃいますか。
다이가꾸데 나니오 셍코-시떼 이랏샤이마스까

■ 대학에서의 전공은 경제학입니다.
大学での 専攻は 経済学です。
다이가꾸데노 셍코-와 케-자이가꾸데스

■ 대학에서 무엇을 공부하세요?
大学で 何を 勉強して いますか。
다이가꾸데 나니오 벵쿄-시떼 이마스까

■ 어느 대학에 다니고 계세요?
どの 大学に 通って いらっしゃいますか。
도노 다이가꾸니 카욧떼 이랏샤이마스까

■ 어느 학교에 다닙니까?

学校は どちらですか。
각꼬-와 도치라데스까

■ 어느 대학을 나왔습니까?

大学は どこでしたか。
다이가꾸와 도꼬데시타까

■ 어느 회사에서 일하고 계세요?

どの 会社に つとめて いらっしゃいますか。
도노 카이샤니 쯔토메떼 이랏샤이마스까

■ 어디에 근무하십니까?

どちらへ お勤めですか。
도치라에 오쯔토메데스까

■ 저는 회계업무를 담당하고 있습니다.

私は 会計業務を 担当して います。
와따시와 가이케-교-무오 단토-시떼 이마스

■ 영업부에서 일하고 있습니다.

営業部で 働いています。
에-교-부데 하타라이떼이마스

Tip

　「何の おしごとを して いますか」는 「일」을 뜻하는 「しごと」에 미화어 'お'가 붙어 「무슨 일을 하세요?」라는 뜻을 나타냅니다. 「~을 담당하고 있다」는 「~を 担当して いる」라고 합니다.

A : お宅は どちらですか。
오타쿠와 도찌라데스까

B : 東京です。
도−쿄−데스

A : 댁은 어디세요?
B : 도쿄입니다.

표현늘리기

■ 살고 계신 곳은 어디에요?

お住まいは どちらですか。
오쓰마이와 도찌라데스까

■ 어디에 살고 계십니까?

どこに 住んで いらっしゃいますか。
도코니 슨데 이랏샤이마스까

■ 교토의 교외에 살고 있습니다.

京都の 郊外に 住んで います。
쿄−토노 코−가이니 슨데 이마스

■ 도쿄 시내에 살고 있습니다.

東京都内に 住んで います。
도−쿄−토나이니 슨데 이마스

■ 교통이 편리합니다.

<ruby>交通<rt>こうつう</rt></ruby>が <ruby>便利<rt>べんり</rt></ruby>です。

코-쯔-가 벤리데스

■ 댁은 여기서 멉니까?

お<ruby>宅<rt>たく</rt></ruby>は ここから <ruby>遠<rt>とお</rt></ruby>いですか。

오타쿠와 고코까라 토-이데스까

■ 저는 한국의 서울에 살고 있습니다.

<ruby>私<rt>わたし</rt></ruby>は <ruby>韓国<rt>かんこく</rt></ruby>の ソウルに <ruby>住<rt>す</rt></ruby>んで います。

와따시와 캉코꾸노 소-루니 슨데 이마스

■ 저는 아파트에 살고 있습니다.

<ruby>私<rt>わたし</rt></ruby>は マンションに <ruby>住<rt>す</rt></ruby>んで います。

와따시와 만숀니 슨데 이마스

■ 도쿄 근처에 있습니다.

<ruby>東京<rt>とうきょう</rt></ruby>の <ruby>近<rt>ちか</rt></ruby>くに あります。

도-쿄-노 치카꾸니 아리마스

■ 공기가 좋은 곳입니다.

<ruby>空気<rt>くうき</rt></ruby>の いい ところです。

쿠-키노 이이 토꼬로데스

Tip

「お宅」는 「家(いえ)」의 공손한 말로 「댁」이라는 뜻입니다. 「댁은 어디세요?」라고 할 때 「어디」라는 말은 「どこ」보다는 「どちら」를 많이 씁니다. 또한 「お住まい」는 「お宅」와 같은 말로 「살고 계신 곳」이라는 뜻입니다.

기본표현

A : どちらからですか。
도찌라카라데스까

B : 韓国（かんこく）です。
강꼬꾸데스

A : 어디에서 오셨어요?
B : 한국이요.

표현늘리기

■ 이 주변을 잘 아세요?
この周（まわ）り　お詳（くわ）しいですか。
고노마와리 오쿠와시-데스까

■ 저도 그곳에 가던 참입니다.
私（わたし）も　そこへ　行（い）くところです。
와따시모 소꼬에 이쿠토꼬로데스

■ 거기서 만나죠.
向（む）こうで　会（あ）いましょうよ。
무코-데 아이마쇼-요

■ 도착하면 연락하겠습니다.
着（つ）いたら　連絡（れんらく）します。
쯔이따라 렌라꾸시마스

■ 어디 출신이세요?

どこの 出身ですか。

도코노 슛신데스까

■ 고향이 어디세요?

お国は どちらですか。

오쿠니와 도찌라데스까

■ 부산에서 왔습니다.

釜山から きました。

부산까라 키마시따

■ 어디 출신입니까?

どこの お生まれですか。

도꼬노 오우마레데스까

■ 여기는 일로 왔습니까?

ここへは 仕事で 来て いますか。

고꼬에와 시고또데 키떼 이마스까

■ 공부하러 왔습니다.

勉強しに 来ました。

벵쿄시니 키마시타

Tip

「どちらからですか」는 「어디에서 오셨습니까?」라는 뜻으로, 「どちらか
ら いらっしゃいましたか」가 생략된 말입니다.

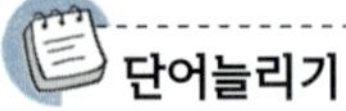 단어늘리기

기본단어

あなた	아나따	당신
しゅじん 主人	슈진	주인, 남편
せんぱい 先輩	셈빠이	선배
こうはい 後輩	코-하이	후배
じょうし 上司	죠-시	상사
ぶか 部下	부카	부하
おな 同じ	오나지	같은
かいしゃ 会社	카이샤	회사
かれ 彼	카레	그
どうりょう 同僚	도-료-	동료
おさな 幼なじみ	오사나나지미	어릴 적 친구
ゆうじん 友人	유-진	친구
あたら 新しい	아타라시-	새롭다
にゅうしゃ 入社	뉴-샤	입사
しんにゅうしゃいん 新入社員	신뉴-샤인	신입사원
えいぎょう 営業	에-교-	영업
ぶちょう 部長	부쵸-	부장
かちょう 課長	카쵸-	과장
だいがく 大学	다이가꾸	대학교
で 出る	데루	나가다, 나오다
つと 勤める	쯔토메루	근무하다
かんじ 漢字	칸지	한자

名刺 (めいし)	메-시	명함
ちょうど	쵸-도	마침
持ち合わせ (もあ)	모찌아와세	마침 가진 것
切らす (き)	키라스	떨어지다, 바닥나다
さしあげる	사시아게루	드리다
失礼 (しつれい)	시쯔레-	실례
伺う (うかが)	우카가우	묻다
呼ぶ (よ)	요부	부르다
よろしい	요로시-	좋다, 괜찮다
日本語 (にほんご)	니홍고	일본어
どこ	도코	어디
勉強 (べんきょう)	벵꾜-	공부
留学 (りゅうがく)	류-가꾸	유학
塾 (じゅく)	쥬쿠	학원
習う (なら)	나라우	배우다, 익히다, 연습하다
話せる (はな)	하나세루	말할 수 있다
通う (かよ)	카요우	다니다
いらっしゃる	이랏샤루	~하고 계시다
学校 (がっこう)	각꼬-	학교
会計 (かいけい)	카이케-	회계
業務 (ぎょうむ)	교-무	업무
担当 (たんとう)	단토-	담당
働く (はたら)	하타라꾸	일하다
住まい (す)	쓰마이	사는 곳, 집

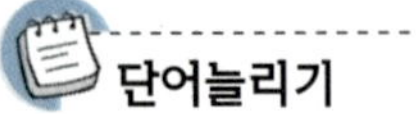

단어늘리기

お宅 (たく)	오타쿠	댁
郊外 (こうがい)	코-가이	교외
都内 (と ない)	시나이	시내
交通 (こうつう)	코-쯔-	교통
マンション	만숀	아파트
アパート	아파-토	연립
住宅 (じゅうたく)	쥬-타꾸	주택
寮 (りょう)	료-	기숙사
近く (ちか)	치카꾸	근처, 가까운 곳
遠い (とお)	토-이	멀다
便利 (べん り)	벤리	편리
所 (ところ)	토꼬로	장소, 곳
新聞社 (しんぶんしゃ)	심분샤	신문사
経営 (けいえい)	케-에-	경영
貿易会社 (ぼうえきがいしゃ)	보-에끼가이샤	무역회사
演劇 (えんげき)	엥게끼	연극
美術 (びじゅつ)	비쥬쯔	미술
銀行 (ぎんこう)	깅꼬-	은행
音楽 (おんがく)	옹가꾸	음악

보충단어

[지시대명사]

この	고노	이

その	소노	그
あの	아노	저
どの	도노	어느
かた	카따	분
こちら	고찌라	이분, 이쪽, 여기
そちら	소찌라	그분, 그쪽, 거기
あちら	아찌라	저분, 저쪽, 저기
どちら	도찌라	어느 분, 어느 쪽, 어디

[국가]

国	쿠니	국가, 국적, 고향, 시골
韓国	캉코쿠	한국
中国	츄−고꾸	중국
日本	니홍	일본
アメリカ	아메리카	미국
カナダ	카나다	캐나다
イギリス	이기리스	영국
フランス	후랑스	프랑스
ブラジル	브라지루	브라질
オーストラリア	오−스토라리아	오스트레일리아, 호주
ドイツ	도이츠	독일
ロシア	로시아	러시아
オランダ	오란다	네덜란드
アルゼンチン	아르젠친	아르헨티나

[성씨]

佐藤	사토–	사토
鈴木	스즈키	스즈키
高橋	다카하시	다카하시
田中	다나카	다나카
渡辺	와타나베	와타나베
伊藤	이또–	이토
山本	야마모토	야마모토
中村	나까무라	나카무라
小林	고바야시	고바야시
斉藤	사이토–	사이토
加藤	카토–	가토
吉田	요시다	요시다
山田	야마다	야마다
佐々木	사사키	사사키

[직업]

職業	쇼꾸교–	직업
主婦	슈후	주부
銀行員	깅꼬–인	은행원
通訳ガイド	쯔–야꾸가이도	통역 가이드
医者	이샤	의사
看護婦	캉고후	간호사
検事	켄지	검사

べんごし **弁護士**	벵고시	변호사
かいしゃいん **会社員**	카이샤잉	회사원
サラリーマン	사라리−망	샐러리맨
ひしょ **秘書**	히쇼	비서
きょうじゅ **教授**	쿄−쥬	교수
せんせい **先生**	센세−	선생님
がくせい **学生**	각세−	학생
デザイナー	데자이나−	디자이너
がか **画家**	가카	화가

[전공]

せんこう **専攻**	셍코−	전공
だいがく **大学**	다이가꾸	대학교
だいがくいん **大学院**	다이가꾸인	대학원
けいざいがく **経済学**	케−자이가꾸	경제학
けいえいがく **経営学**	케−에−가꾸	경영학
こうがく **工学**	코−가꾸	공학
かがく **化学**	카가꾸	화학
しんりがく **心理学**	신리가꾸	심리학
いがく **医学**	이가꾸	의학
ほうがく **法学**	호−가꾸	법학
ごがく **語学**	고가꾸	어학
はかせ **博士**	하카세	박사
しゅうし **修士**	슈−시	석사

お風呂^{ふろ} 목욕

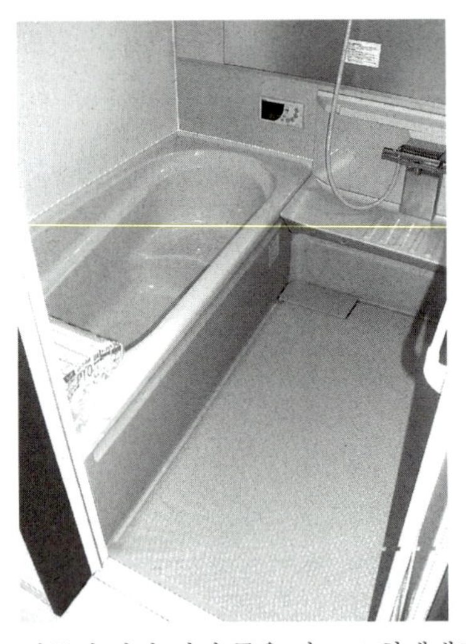

　일본인들이 목욕을 즐기는 것은 잘 알려진 일입니다. 하루 일과가 끝나고 따뜻한 물에 몸을 담가 피로를 푸는 것은 그들의 작은 기쁨입니다.

　일본은 일반적으로 화장실과 욕실이 분리되어 있는데 이는 방해받지 않고 여유롭게 목욕을 하기 위한 수단이라고 할 수 있습니다. 먼저 밖에서 몸을 깨끗이 씻고 나서 욕조에는 들어갔다만 나오는 것으로 제일 웃어른이 가장 먼저 몸을 담그고 차례대로 식구들이 같은 물을 사용합니다. 한번 받아놓은 물은 대개 이틀 정도 사용하며 식은 물은 욕조에 달린 가스식 가열장치로 다시 데울 수 있습니다. 만약 손님이 오면 손님에게 제일 먼저 욕조에 몸을 담글 수 있는 특권을 줍니다. 또한, 다 사용한 물은 세탁을 하거나 화장실 청소를 하는 데 이용합니다. 물 한 방울도 소홀히 하지 않는 절약정신을 엿볼 수 있습니다.

제 3 장

감사 · 사과 · 축하

1. 감사합니다.
2. 신세 많이 졌습니다.
3. 죄송해요, 늦잠을 잤어요.
4. 새해 복 많이 받으세요.

기본표현

A : ありがとうございます。
아리가또-고자이마스

B : どういたしまして。
도-이타시마시떼

A : 감사합니다.
B : 별말씀을요.

표현늘리기

■ 고마워.

ありがとう。
아리가또-

■ 대단히 감사합니다.

どうも ありがとうございます。
도-모 아리가또-고자이마스

■ 저야말로 감사합니다.

こちらこそ ありがとうございます。
고치라코소 아리가또-고자이마스

■ 이거 무척 고마워요.

これは どうも ありがとう。
고레와 도-모 아리가또-

58

■ 정말 감사하고 있습니다.

<ruby>本<rt>ほん</rt></ruby><ruby>当<rt>とう</rt></ruby>に <ruby>感<rt>かん</rt></ruby><ruby>謝<rt>しゃ</rt></ruby>して おります。

혼또-니 칸샤시떼 오리마스

■ 정말 고마워요.

<ruby>本<rt>ほん</rt></ruby><ruby>当<rt>とう</rt></ruby>に ありがとう。

혼또-니 아리가또-

■ 여러 가지로 도움이 되었습니다.

いろいろ <ruby>助<rt>たす</rt></ruby>かりました。

이로이로 다스카리마시따

■ 많은 도움이 되었습니다.

たいへん <ruby>助<rt>たす</rt></ruby>かりました。

타이헨 다스카리마시따

■ 배려에 감사드리겠습니다.

お<ruby>心<rt>こころ</rt></ruby>づかいに ありがとうございます。

오코꼬로즈카이니 아리가또-고자이마스

Tip

「どういたしまして」는 상대방이 감사나 사과의 말을 했을 때 「천만에요 (You're welcome)」라고 대답하는 말에 해당합니다. 또한 다른 사람에게 과분한 칭찬을 들었을 때 「아이, 뭘요」라는 뜻으로도 많이 쓰입니다.

기본표현

A : たいへん お世話に なりました。
타이헹 오세와니 나리마시타

B : いいえ、どういたしまして。
이-에 도-이타시마시떼

A : 신세 많이 졌습니다.
B : 아니요, 별말씀을요.

표현늘리기

■ 수고하셨습니다.
お疲れさまでした。
오츠카레사마데시따

■ 수고하셨습니다.
ご苦労さまでした。
고쿠로-사마데시따

■ 대단히 폐를 끼쳤습니다.
たいへん ご迷惑を おかけしました。
타이헨 고메-와꾸오 오카케시마시따

■ 폐를 끼쳤습니다.
お手数を おかけしました。
오테수-오 오카케시마시따

60

■ 여러모로 신세 많이 졌습니다.

いろいろ お世話に なりました。

이로이로 오세와니 나리마시따

■ 수고를 끼쳐 드렸습니다.

ご面倒を おかけしました。

고멘도-오 오카케시마시따

■ 협력해 주신 데에 대해 감사 말씀 올립니다.

ご協力くださいましたことに 感謝申し上げます。

고쿄-료꾸쿠다사이마시타코또니 칸샤모-시아게마스

■ 정성껏 베풀어 주신 은혜에 감사드립니다.

心の こもった ご配慮に 感謝します。

고코로노 코못따 고하이료니 칸샤시마스

■ 덕분에 잘 됐습니다.

おかげさまで 助かりました。

오카게사마데 다스카리마시따

Tip

「ご苦労さまでした」는 손아랫사람에게 「수고했어요」 하는 의미로 쓰는 말입니다. 손위 · 아래 관계없이 무난히 쓸 수 있는 말은 「お疲れさまでした」라는 것을 알아둡시다.

기본표현

A : 田中さん、どうしたんですか。
다나카상 도-시탄데스까

B : すみません、朝寝坊しました。
스미마셍 아사네보-시마시따

A : 다나카 씨, 어떻게 된 거에요?
B : 죄송해요, 늦잠을 잤어요.

표현늘리기

■ 미안합니다.

ごめんなさい。
고멘나사이

■ 죄송합니다.

申し訳 ありません。
모-시와케 아리마셍

■ 용서해 주세요.

お許し ください。
오유루시 쿠다사이

■ 너무 죄송했습니다.

どうも すみませんでした。
도-모 스미마센데시타

62

■ 제가 잘못했습니다.
私が いけなかったです。
와따시가 이케나캇따데스

■ 지나쳤다면 죄송해요.
行き過ぎてたら ごめんなさい。
이키스기테따라 고멘나사이

■ 먼저 사과 말씀 드리겠습니다.
まず お詫びいたします。
마즈 오와비이따시마스

■ 늦어서 죄송합니다.
遅れて すみません。
오쿠레떼 스미마셍

■ 괜찮습니다. 걱정하지 마세요(신경쓰지 마세요).
大丈夫です。気に しないで ください。
다이죠-부데스 키니 시나이데 쿠다사이

■ 다음부터는 주의하세요.
今度は 気を つけて ください。
곤도와 키오 쯔케떼 쿠다사이

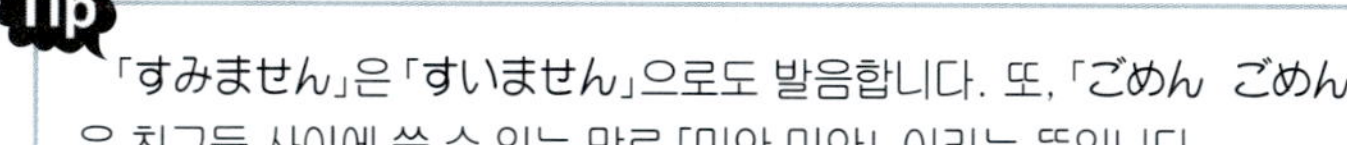

Tip

「すみません」은 「すいません」으로도 발음합니다. 또, 「ごめん ごめん」
은 친구들 사이에 쓸 수 있는 말로 「미안 미안!」이라는 뜻입니다.

A : あけまして　おめでとうございます。
아케마시떼 오메데또-고자이마스

B : 今年も　よろしく　おねがいします。
고토시모 요로시쿠 오네가이시마스

A : 새해 복 많이 받으세요.
B : 올해도 잘 부탁드립니다.

표현늘리기

■ 새해 복 많이 받으세요.

新年　おめでとう。
신넨 오메데또-

■ 새해 복 많이 받으세요.

よい　お年を　お迎え　ください。
요이 오토시오 오무카에 쿠다사이

■ 메리 크리스마스!

メリークリスマス！
메리-크리스마스

■ 생일 축하해요.

お誕生日　おめでとうございます。
오탄죠-비 오메데또-고자이마스

64

■ 졸업 축하드려요.

ご卒業（そつぎょう） おめでとうございます。

고소쯔교- 오메데또-고자이마스

■ 합격 축하합니다.

合格（ごうかく） おめでとうございます。

고-카꾸 오메데또-고자이마스

■ 결혼을 축하드립니다.

ご結婚（けっこん） おめでとうございます。

고켓꽁 오메데또-고자이마스

■ 승진 축하드립니다.

ご昇進（しょうしん） おめでとうございます。

고쇼-신 오메데또-고자이마스

■ 부디 행복하세요.

どうぞ お幸せ（しあわ）に。

도-죠 오시아와세니

■ 건강하길 빌겠습니다.

どうか 健康（けんこう）を 祈（いの）ります。

도-카 겡코-오 이노리마스

Tip

어떤 일을 축하할 때는 축하하고자 하는 단어의 뒤에 「おめでとうござい ます」를 붙이기만 하면 「~축하해요!」라는 표현이 됩니다.

기본단어

どうも	도-모	대단히, 정말
いろいろ	이로이로	여러 가지, 갖가지
たいへん	타이헨	매우, 무척, 대단히
こころ 心づかい	고꼬로즈카이	배려, 마음을 씀
たす 助かる	다스카루	살아나다, 도움이 되다
かんしゃ 感謝	칸샤	감사
つか 疲れる	쯔카레루	지치다, 피로해지다
く ろう 苦労	쿠로-	고생, 수고, 노고
めいわく 迷惑	메-와꾸	폐, 귀찮음, 성가심
て すう 手数	테수-	수고, 귀찮음, 폐
せ わ 世話	세와	성가심, 번거로움, 신세
めんどう 面倒	멘도-	번거로움, 귀찮음, 성가심, 폐
かける	카케루	(폐나 영향을) 끼치다
きょうりょく 協力	쿄-료꾸	협력
はいりょ 配慮	하이료	배려
あさ ね ぼう 朝寝坊	아사네보-	늦잠을 잠
もう わけ 申し訳	모-시와케	변명, 해명
ゆる 許す	유루스	허가하다, 용서하다
だれ	다레	누구
せい	세-	탓, 원인, 이유
いけない	이케나이	좋지 않다, 나쁘다
い す 行き過ぎる	이키스기루	도를 넘다, 과도하다

66

過ぎる	스기루	지나가다, (때가) 지나다, 경과하다
待つ	마쯔	기다리다
待たせる	마타세루	기다리게 하다
まず	마즈	우선
お詫び	오와비	사죄, 사죄의 말
今度	콘도	이번, 이 다음
大丈夫	다이죠-부	괜찮음, 걱정없음
たいした	타이시타	대단한, 엄청난, 놀랄 만한
今年	고또시	올해, 금년
年	토시	해
新年	신넨	신년, 새해
迎える	무카에루	맞다, 맞이하다
誕生日	탄죠-비	생일
卒業	소쯔교-	졸업
合格	고-카꾸	합격
結婚	겟꽁	결혼
昇進	쇼-신	승진
幸せ	시아와세	행복, 행운
健康	겡코-	건강
祈る	이노루	기원하다, 희망하다
どうか	도-카	아무쪼록, 부디
どうぞ	도-죠	아무쪼록, 제발, 부디

年賀状 연하장

일본에서는 연말연시가 되면 우리나라와 마찬가지로 연하장을 주고받습니다. 개인에 따라 다르겠지만 보통 수십 통에서 많게는 수백 통까지 친척이나 친구, 신세를 진 사람에게 보내는데, 일정 기간에 맞춰서 우체통에 넣으면 설 연휴기간 중에 도착하게 됩니다. 그리고 우리나라에서처럼 가게에서 파는 것을 사서 부치는 것이 아니라 관제엽서에다가 직접 그림을 그려서 자신만의 독특한 연하장을 만들어 보냅니다. 그래서인지 연하장에 원하는 그림을 찍을 수 있는 기계도 나와 있습니다. 또한, 관제엽서마다 일련번호가 있어서 추첨을 통해 상품(해외여행권 등)을 주는 이벤트도 있습니다.

제 4 장

날짜 · 시간 · 나이

1. 오늘은 며칠입니까?
2. 오늘이 무슨 요일이지요?
3. 지금 몇 시에요?
4. 어느 정도 걸립니까?
5. 시계가 맞나요?
6. 나이가 어떻게 되세요?
7. 몇 살 차이가 나나요?

기본표현

A : 今日は 何日ですか。
쿄-와 난니찌데스까

B : 9日です。
고꼬노카데스

A : 오늘은 며칠입니까?
B : 9일입니다.

표현늘리기

■ 겨울방학은 언제부터입니까?
冬休みは いつからですか。
후유야스미와 이쯔카라데스까

■ 신학기는 4월부터 시작됩니다.
新学期は 4月から 始まります。
신각키와 시가쯔까라 하지마리마스

■ 생일은 언제입니까?
お誕生日は いつですか。
오탄죠-비와 이쯔데스까

■ 오늘은 몇 월 며칠입니까?
今日は 何月 何日ですか。
쿄-와 낭가쯔 난니찌데스까

■ 오늘은 12월 24일입니다.

今日は　１２月２４日です。

쿄-와 쥬-니가쯔 니쥬-욕까데스

■ 추석은 며칠간 쉽니까?

お盆の　休みは　何日間ですか。

오본노 야스미와 난니찌캉데스까

■ 3일간 쉽니다.

三日間　休みます。

믹까캉 야스미마스

■ 내일은 19일이 아니고 20일입니다.

あしたは　１９日じゃなくて　２０日です。

아시따와 쥬-쿠니찌쟈나쿠떼 하츠카데스

■ 내일은 5일이고 모레는 6일입니다.

あしたは　５日で、あさっては　６日です。

아시따와 이쯔카데 아삿떼와 무이카데스

■ 매월 30일에는 가족과 함께 지냅니다.

毎月　３０日には　家族と　過ごします。

마이쯔키 산쥬-니찌니와 가조쿠또 스고시마스

Tip

「一日」는「いちにち · ついたち」의 두 가지 방법으로 읽는데, 날짜를 말할 때는「ついたち」로 읽고, 시간의 경과를 나타내는「하루」라고 할 때는「いちにち」로 읽습니다.

기본표현

A : 今日は 何曜日ですか。
쿄-와 낭요-비데스까

B : 火曜日じゃないですか。
카요-비쟈나이데스까

A : 오늘이 무슨 요일이지요?
B : 화요일 아닌가요?

표현늘리기

■ 지난 주 목요일에 친구를 만났습니다.
先週の 木曜日、友達に 会いました。
센슈-노 모꾸요-비 토모다치니 아이마시타

■ 이번 주 금요일은 27일입니다.
今週の 金曜日は ２７日です。
곤슈-노 킹요-비와 니쥬-시치니찌데스

■ 다음 주 일요일까지 계속됩니다.
来週の 日曜日まで 続きます。
라이슈-노 니찌요-비마데 쯔즈키마스

■ 다다음 주까지 끝내 주세요.
再来週までに 終わらせて ください。
사라이슈-마데니 오와라세떼 쿠다사이

■ 매주 토요일은 쉽니다.

休みは 毎週 土曜日です。

야스미와 마이슈- 도요-비데스

■ 다음 달부터 학교에 갑니다.

来月から 学校へ 行きます。

라이게쯔까라 각꼬-에 이키마스

■ 지난 주에는 고향에 다녀왔습니다.

先週は 実家に 行ってきました。

센슈-와 직까니 잇떼키마시타

■ 접수기간은 이달 말까지입니다.

受け付け期間は 今月末までです。

우케쯔케키캉와 콩게쯔마쯔마데데스

■ 내일은 뭐하세요?

あしたは 何を しますか。

아시따와 나니오 시마스까

■ 작년부터 운동을 시작했습니다.

去年から 運動を 始めました。

쿄넨까라 운도-오 하지메마시타

Tip

「~曜日」를 줄여서 「今日は 水曜(すいよう)です」와 같이 「~曜」만으로도 씁니다. 「~じゃないですか」는 부정이 아니고 반어의 뜻으로 「~ 아닌가요?」라는 강조의 기분을 나타냅니다.

기본표현

A : 今 何時ですか。
이마 난지데스까

B : １２時です。
쥬-니지데스

A : 지금 몇 시입니까?
B : 12시입니다.

표현늘리기

■ 지금 몇 분입니까?
今 何分ですか。
이마 남뿐데스까

■ 오후 1시 반입니다.
午後 １時半です。
고고 이찌지한데스

■ 정각 9시입니다.
ちょうど ９時です。
쵸-도 쿠지데스

■ 조금 있으면 5시입니다.
もう 少ししたら ５時です。
모- 스코시시따라 고지데스

74

■ 거의 3시입니다.

だいたい　3時です。

다이따이 산지데스

■ 6시가 다 됐습니다.

6時　近くです。

로꾸지 치카꾸데스

■ 5시 6분 지났습니다.

5時　6分すぎです。

고지 롭뿐스기데스

■ 5시가 좀 지났습니다.

5時　ちょっと　まわりました。

고지 춋또 마와리마시따

■ 4시 5분 전입니다.

4時　5分前です。

요지 고훔마에데스

■ 점심시간은 12시 반부터입니다.

昼休みは　１２時半からです。

히루야스미와 쥬–니지항까라데스

Tip

　사람이나 사물을 셀 때 4와 7을 「し · しち」로는 잘 읽지 않습니다. 4와 7
의 발음이 죽을 사(死[し]) 발음을 연상시키기 때문입니다.

기본표현

A：学校まで　どのくらい　かかりますか。
각꼬-마데 도노쿠라이 가카리마스까

B：２時間ぐらい　かかりますよ。
니지캉구라이 가카리마스요

A : 학교까지 어느 정도 걸립니까?
B : 2시간 정도 걸립니다.

표현늘리기

■ 학교까지 멉니까?
学校まで　遠いですか。
각꼬-마데 토-이데스까

■ 아침에 몇 시 정도에 집을 나오세요?
朝　何時ごろ　家を　出ますか。
아사 난지고로 이에오 데마스까

■ 집에서 회사까지 몇 분 걸립니까?
家から　会社まで　何分ですか。
이에까라 카이샤마데 남뿐데스까

■ 걸어서 10분 걸립니다.
歩いて　１０分　かかります。
아루이떼 줍뿡 가카리마스

■ 지하철로 40분 걸립니다.

地下鉄で ４０分 かかります。

치카테쯔데 욘줍뿡 가카리마스

■ 도쿄에 온 지 얼마나 됩니까?

東京に 来て どのくらいに なりますか。

도-쿄-니 키떼 도노쿠라이니 나리마스까

■ 그럭저럭 2개월이 됩니다.

そろそろ ２か月に なります。

소로소로 니카게쯔니 나리마스

■ 1시간 이상 걸립니다.

１時間以上 かかります。

이치지깡이죠- 가카리마스

■ 버스로 30분 걸립니다.

バスで ３０分 かかります。

바스데 산줍뿡 가카리마스

■ 꽤 멀군요.

ずいぶん 遠いですね。

즈이분 토-이데스네

Tip

「くらい」는 수량 · 기준을 나타내는 말과 함께 쓰여 「~ 정도」의 의미를 나타냅니다. 탁음이 붙어 「ぐらい」가 될 때도 있지만 그다지 중요하지는 않습니다.

기본표현

A：この 時計は 合って いますか。
고노 도케-와 앗떼 이마스까

B：5分 進んで います。
고훈 스슨데 이마쓰

A : 이 시계는 맞습니까?
B : 5분 빠릅니다.

표현늘리기

■ 이 시계는 정확합니다.
この 時計は 正確です。
고노 도케-와 세-카쿠데스

■ 이 시계는 2분 빠릅니다.
この 時計は 2分 早いです。
고노 도케-와 니훙 하야이데스

■ 이 시계는 2분 느립니다.
この 時計は 2分 遅れて います。
고노 도케-와 니훙 오쿠레떼 이마스

■ 3분 정도 빠른 것 같습니다.
3分ほど 進んで いるようです。
삼뿡호도 스쓴데이루요-데스

■ 시계를 10분 정도 빠르게 해놓았습니다.

時計を 10分くらい 進ませて おきました。

도케-오 줍뿡쿠라이 스쓰마세떼 오키마시따

■ 저 시계는 어딘가 상태가 이상한 것 같습니다.

あの 時計は どこか 調子が おかしいようです。

아노 도케-와 도코까 쵸-시가 오카시-요-데스

■ 제 시계는 5분 정도 느린 것 같습니다.

私の 時計は 5分ほど 遅れているようです。

와따시노 도케-와 고훙호도 오쿠레떼이루요-데스

■ 서두르지 않으면 시간에 댈 수 없겠네요.

急がないと 間に合いませんね。

이소가나이또 마니아이마센네

■ 시계 배터리가 다 됐어요.

時計の バッテリーが ないです。

도케-노 밧떼리-가 나이데스

Tip

　사람들이 원형으로 앉아서 토론이나 회의를 하는 경우, 순서를 정할 때 「시계방향으로 합시다」라는 말을 많이 씁니다. 시계방향은 일본어로 「時計回(とけいまわ)り」라고 합니다.

· 時計回りに 見て ください。(시계방향으로 봐 주세요.)

기본표현

A : 今 おいくつですか。
이마 오이쿠쯔데스까

B : ２７才です。
니쥬-나나사이데스

A : 나이가 어떻게 되세요?
B : 27세입니다.

표현늘리기

■ 부모님은 연세가 어떻게 되세요?

ご両親は おいくつですか。
고료-신와 오이쿠쯔데스까

■ 연세가 어떻게 되십니까?

おいくつで いらっしゃいますか。
오이쿠쯔데 이랏샤이마스까

■ 몇 년 생이세요?

何年 生まれですか。
난넨 우마레데스까

■ 나이는 몇 살이에요?

歳は いくつですか。
토시와 이쿠쯔데스까

80

■ 몇 살이에요?

何歳ですか。

난사이데스까

■ 올해 서른입니다.

今年 ３０に なります。

고또시 산쥬-니 나리마스

■ 스무 살입니다.

２０才です。

하타찌데스

■ 저는 1980년생입니다.

わたしは １９８０年 生まれです。

와따시와 센큐-햐꾸하찌쥬-넨 우마레데스

■ 무슨 띠세요?

何どしですか。

나니도시데스까

■ 저는 원숭이 띠입니다.

わたしは 猿どしです。

와따시와 사루도시데스

Tip

　나이를 물어보면 「～才」를 붙여 「～才です」라고도 대답하지만 「27です」
와 같이 숫자만을 말해도 「27세입니다」라는 말이 됩니다. 우리나라와 달리
일본에서는 나이를 말할 때 「만 ~세」를 사용합니다.

기본표현

A : 妹とは いくつ 離れて いますか。
이모-토또와 이쿠쯔 하나레떼 이마스까

B : わたしが 二つ上です。
와따시가 후타쯔우에데스

A : 여동생과는 몇 살 차이가 나나요?
B : 제가 2살 위입니다.

표현늘리기

■ 몇 살 차이입니까?

いくつ 違いですか。
이쿠쯔 치가이데스까

■ 야마다 씨와 스즈키 씨 중 어느 쪽이 더 위입니까?

山田さんと 鈴木さんと どちらが 上ですか。
야마다상또 스즈키상또 도치라가 우에데스까

■ 스즈키 씨가 위입니다.

鈴木さんの ほうが 年上です。
스즈키산노 호-가 도시우에데스

■ 제가 아래입니다.

私の ほうが 年下です。
와따시노 호-가 도시시타데스

82

■ 동갑입니다.

同い年です。

오나이도시데스

■ 3살 위입니다.

３才上です。

산사이우에데스

■ 저보다 2살 많은 선배입니다.

わたしより　２年上の　先輩です。

와따시요리 니넨우에노 셈빠이데스

■ 야마다 씨는 첫째입니까?

山田さんは　一番上の　子ですか。

야마다상와 이치방우에노 코데스까

■ 형은 나보다 3살이 많습니다.

兄は　わたしより　３コ上です。

아니와 와따시요리 상꼬우에데스

■ 형은 28세이고 샐러리맨입니다.

兄は　２８歳で　サラリーマンです。

아니와 니쥬-핫사이데 사라리-만데스

Tip

상대방을 부를 때「あなた」는 잘 사용하지 않습니다. 손윗사람은 물론 손
아랫사람이나 동년배라도 실례가 될 수 있기 때문에 생략되는 경우가 대부
분입니다. 가능하면 성이나 직함을 알아두어서 그대로 부르거나 그 뒤에
「～さん」을 붙여「~씨」하는 편이 훨씬 자연스럽습니다.

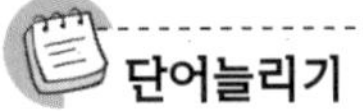

단어늘리기

기본단어

<ruby>夏休み<rt>なつやす</rt></ruby>	나쯔야스미	여름방학
<ruby>冬休み<rt>ふゆやす</rt></ruby>	후유야스미	겨울방학
いつ	이쯔	언제, 어느 때
<ruby>休む<rt>やす</rt></ruby>	야스무	쉬다
<ruby>続く<rt>つづ</rt></ruby>	쯔즈쿠	이어지다, 계속되다
<ruby>終わる<rt>お</rt></ruby>	오와루	끝나다
<ruby>終わらせる<rt>お</rt></ruby>	오와라세루	끝내다
<ruby>実家<rt>じっか</rt></ruby>	직까	고향
<ruby>連休<rt>れんきゅう</rt></ruby>	렝큐-	연휴
<ruby>受け付け<rt>う つ</rt></ruby>	우케쯔케	접수, 접수처
<ruby>期間<rt>きかん</rt></ruby>	키캉	기간
<ruby>運動<rt>うんどう</rt></ruby>	운도-	운동
<ruby>始める<rt>はじ</rt></ruby>	하지메루	시작하다
<ruby>始まる<rt>はじ</rt></ruby>	하지마루	시작되다
<ruby>今<rt>いま</rt></ruby>	이마	지금, 현재
<ruby>時計<rt>とけい</rt></ruby>	도케-	시계
<ruby>午前<rt>ごぜん</rt></ruby>	고젠	오전
<ruby>午後<rt>ごご</rt></ruby>	고고	오후
ちょうど	쵸-도	정확히
<ruby>正確<rt>せいかく</rt></ruby>	세-카쿠	정확
<ruby>半<rt>はん</rt></ruby>	항	반 시간, 반, 절반
ちょっと	촛또	약간, 조금

早^{はや}い	하야이	빠르다
遅^{おく}れる	오쿠레루	늦다
進^{すす}む	스쓰무	(시계가) 빨라지다, 전진하다
回^{まわ}る	마와루	(시각이) 지나다, 돌다
前^{まえ}	마에	이전, 전
ほど	호도	쯤, 무렵
少^{すこ}し	스코시	조금, 좀, 약간
だいたい	다이따이	거의
昼休^{ひるやす}み	히루야스미	점심시간
出発^{しゅっぱつ}	슛빠츠	출발
時間^{じかん}	지캉	시간
間^まに合^あう	마니아우	시간에 늦지 않게 대다
近^{ちか}く	치카꾸	~에 가까움
学校^{がっこう}	각꼬-	학교
会社^{かいしゃ}	카이샤	회사
家^{いえ}	이에	집
出^でる	데루	나오다, 나가다
遠^{とお}い	토-이	멀다
から	카라	~부터, ~에서
まで	마데	~까지
以上^{いじょう}	이죠-	이상
歩^{ある}く	아루쿠	걷다
かかる	가카루	소요되다
地下鉄^{ちかてつ}	치카테쯔	지하철

バス	바스	버스
どこか	도코까	어딘가, 어딘지
調子	쵸-시	상태
おかしい	오카시-	이상하다, 비정상적이다
急ぐ	이소구	서두르다
両親	료-신	부모
生まれ	우마레	태어남, 출생
歳	토시	해, 나이, 연령
歳	사이	세, 나이(= 才)
いくつ	이쿠쯔	몇 살
20才	하타찌	20살
年上	도시우에	손위, 연상
年下	도시시타	손아래, 연하
同い年	오나이도시	동갑, 같은 나이
より	요리	～보다
先輩	셈빠이	선배
後輩	코-하이	후배

보충단어

[연·월·일]

去年	쿄넨	작년
今年	고토시	올해
来年	라이넨	내년

일본어	발음	한국어
再来年 (さらいねん)	사라이넨	내후년
先月 (せんげつ)	셍게쯔	지난달
今月 (こんげつ)	공게쯔	이번 달
来月 (らいげつ)	라이게쯔	다음 달
先週 (せんしゅう)	센슈-	지난주
今週 (こんしゅう)	콘슈-	이번 주
来週 (らいしゅう)	라이슈-	다음 주
再来週 (さらいしゅう)	사라이슈-	다다음주
おととい	오토또이	그저께
昨日 (きのう)	키노-	어제
今日 (きょう)	쿄-	오늘
明日 (あした)	아시타	내일
あさって	아삿떼	모레
しあさって	시아삿떼	글피
何日 (なんにち)	난니찌	며칠
毎日 (まいにち)	마이니찌	매일
毎週 (まいしゅう)	마이슈-	매주
毎月 (まいつき)	마이쯔키	매달
一週間 (いっしゅうかん)	잇슈-캉	일주일간

[월]

일본어	발음	한국어
月 (げつ)	게쯔	월
日 (にち)	니찌	일
1月 (いちがつ)	이치가쯔	1월

に がつ 2月	니가쯔	2월
さんがつ 3月	상가쯔	3월
し がつ 4月	시가쯔	4월
ご がつ 5月	고가쯔	5월
ろくがつ 6月	로쿠가쯔	6월
しちがつ 7月	시치가쯔	7월
はちがつ 8月	하치가쯔	8월
く がつ 9月	쿠가쯔	9월
じゅう がつ １０月	쥬-가쯔	10월
じゅういちがつ １１月	쥬-이치가쯔	11월
じゅうにがつ １２月	쥬-니가쯔	12월
なんがつ 何月	낭가쯔	몇 월

[날짜 · 요일]

ついたち	쯔이타치	1일
ふつか	후쯔카	2일
みっか	믹카	3일
よっか	욕카	4일
いつか	이쯔카	5일
むいか	무이카	6일
なのか	나노카	7일
ようか	요-카	8일
ここのか	고꼬노카	9일
とおか	토-카	10일

じゅういちにち	쥬-이찌니치	11일
じゅうよっか	쥬-욕카	14일
はつか	하츠카	20일
にじゅういちにち	니쥬-이찌니치	21일
にじゅうよっか	니쥬-욕카	24일
月曜日	게쯔요-비	월요일
火曜日	카요-비	화요일
水曜日	스이요-비	수요일
木曜日	모쿠요-비	목요일
金曜日	킹요-비	금요일
土曜日	도요-비	토요일
日曜日	니찌요-비	일요일
何曜日	낭요-비	무슨 요일

[시간]

1時	이찌지	1시
2時	니지	2시
3時	산지	3시
4時	요지	4시
5時	고지	5시
6時	로꾸지	6시
7時	시찌지	7시
8時	하찌지	8시
9時	쿠지	9시

じゅうじ １０時	쥬-지	10시
じゅういちじ １１時	쥬-이찌지	11시
じゅうにじ １２時	쥬-니지	12시
なんじ 何時	난지	몇 시
なんじかん 何時間	난지캉	몇 시간
いっぷん １分	입뿡	1분
にふん ２分	니훙	2분
さんぷん ３分	삼뿡	3분
よんぷん ４分	욤뿡	4분
ごふん ５分	고훙	5분
ろっぷん ６分	롭뿡	6분
ななふん ７分	나나훙	7분
はっぷん ８分	합뿡	8분
きゅうふん ９分	큐-훙	9분
じゅっぷん １０分	쥽뿡/집뿡	10분
じゅうごふん １５分	쥬-고훙	15분
さんじゅっぷん ３０分	산쥽뿡	30분
なんぷん 何分	남뿡	몇 분

[동물]

どうぶつ 動物	도-부쯔	동물
ライオン	라이옹	사자
ぞう 象	조-	코끼리
くま 熊	쿠마	곰

猫 (ねこ)	네코	고양이
豚 (ぶた)	부타	돼지
キリン	키린	기린
ラクダ	라꾸다	낙타
もぐら	모구라	두더지
きつね	키쯔네	여우
たぬき	타누키	너구리
鹿 (しか)	시카	사슴
ペンギン	펭깅	펭귄
サイ	사이	코뿔소
ゴリラ	고리라	고릴라
チンパンジー	침판지–	침팬지
鳥 (とり)	토리	새
スズメ	스즈메	참새
ふくろう	후쿠로–	올빼미
オウム	오–무	앵무새
アヒル	아히루	오리
カエル	카에루	개구리
亀 (かめ)	카메	거북이
魚 (さかな)	사카나	물고기, 생선
くじら	쿠지라	고래
イルカ	이루카	돌고래
鮫 (さめ)	사메	상어

初詣 하쓰모데
<はつもうで>

　매년 12월 31일(섣달 그믐날)은 오오미소카(大晦日)라고 하여 지난 한 해를 돌아보고 1년 중 최대 명절인 설날을 맞을 준비를 하는 날입니다. 1년을 무사히 지낸 것에 대한 감사를 드리고 앞으로도 장수하길 바라는 마음에서 도시코시소바(年越しそば)를 먹습니다. 소바는 가늘고 길어 장수의 의미를 가지며 또 쉽게 잘린다는 점에서 질병이나 빚 등과 '연을 끊는다'라는 의미도 있습니다. 또한 밤 12시 쯤부터 전국 각지의 절에서 제야의 종을 치기 시작하는데 인간의 백팔번뇌를 없애주는 것이라 하여 108번을 칩니다.

　오랜만에 온 가족이 모여서 이야기를 나누며 밤을 지새기도 하고 1월 1일이 되면 첫 해돋이나 첫 참배(初詣)를 위해 신사나 절에 가서 새해가 밝기를 기다리면서 올해의 소원을 빕니다. 도쿄의 메이지신궁(明治神宮)이나 오사카의 스미요시타이샤(住吉大社)와 같은 유명한 곳에는 매년 300만 명이 넘는 사람들이 몰려든다고 합니다.

제 5 장

가족

1. 가족이 몇 분이세요?
2. 자제분이 몇이세요?
3. 결혼하셨어요?
4. 맞벌이하세요?
5. 당신 옆에 있는 사람은 누구입니까?

기본표현

A : 何人 家族ですか。
난닝 카조꾸데스까

B : わたしは 4人家族です。
와따시와 요닌카조꾸데스

A : 가족이 몇 분이세요?
B : 저는 가족이 넷입니다.

표현늘리기

- 형제 중에 몇 번째입니까?

兄弟の 中で 何番目ですか。
쿄-다이노 나카데 남밤메데스까

- 저는 장남[장녀]입니다.

わたしは 長男[長女]です。
와따시와 쵸-난[쵸-죠]데스

- 차남[차녀]입니다.

次男[次女]です。
지난[지죠]데스

- 막내입니다.

末っ子です。
스엑코데스

94

■ 외동입니다.
   一人っ子です。
   히또릭꼬데스

■ 부모님과 함께 살고 있습니까?
   ご両親と 一緒に 住んでいますか。
   고료-신또 잇쇼니 슨데이마스까

■ 형제는 있으세요?
   ご兄弟は いますか。
   고쿄-다이와 이마스까

■ 남동생은 무엇을 하고 있습니까?
   弟さんは 何を していますか。
   오토-또상와 나니오 시테이마스까

■ 부모님과 언니(누나)가 있습니다.
   両親と 姉が います。
   료-신또 아네가 이마스

■ 남편과 저 둘뿐입니다.
   主人と 私、ふたりです。
   슈진또 와따시 후타리데스

Tip

가족의 수를 묻는 말은 위의 예문 외에도 「ご家族[ご兄弟]は 何人ですか
(가족[형제]는 몇 분이세요?)」의 형태로 말할 수 있습니다. 대답을 할 때는
「〜人家族です」뿐 아니라 간단하게 「〜人です」라고도 할 수 있습니다.

A : 子供さんは 何人ですか。
코도모상와 난닌데스까

B : 二人です。中村さんの ところは。
후타리데스 나카무라산노 토코로와

A : 자제분이 몇이세요?
B : 2명입니다. 나카무라 씨는요?

표현늘리기

■ 자제분은 있으신가요?

お子さんは いらっしゃいますか。
오코상와 이랏샤이마스까

■ 아드님이세요, 따님이세요?

息子さんですか、娘さんですか。
무스코산데스까 무스메산데스까

■ 아들[딸]입니다.

息子[娘]です。
무스코[무스메]데스

■ 셋 다 딸입니다.

三人とも 娘です。
산닌또모 무스메데스

96

■ 큰 애가 아들이고, 작은 애가 딸이에요.

上が 男の子で、下が 女の子です。

우에가 오또코노코데 시타가 온나노코데스

■ 대학생 아들이 한 명 있습니다.

大学生の 息子が 一人 います。

다이각세-노 무스코가 히토리 이마스

■ 아이는 아직 없습니다.

子供は まだ いません。

코도모와 마다 이마셍

■ 이제부터 낳을 예정입니다.

これから 産むつもりです。

고레까라 우무쯔모리데스

■ 큰 애는 이미 결혼했습니다.

上の子は もう 結婚しています。

우에노코와 모- 겟꽁시떼이마스

■ 장남은 군대에 있습니다.

長男は 軍隊に 入っています。

쵸-난와 군따이니 하잇떼이마스

Tip

한국어에서는 존재의 표현에 있어 「있다」라는 한마디로 모든 것을 표현하지만 일본어는 생물에는 「いる」, 무생물에는 「ある」를 사용합니다. 하지만 생물의 경우라도 그것이 ①소유를 나타내거나 ②옛날에 존재했던 인물 ③상품 따위로 취급되는 경우에는 「ある」를 사용합니다.

기본표현

A : 鈴木さんは 結婚して いますか。
스즈키상와 겟꼰시떼 이마스까

B : いいえ、まだ して いません。
이-에 마다 시테 이마셍

A : 스즈키 씨는 결혼하셨어요?
B : 아직 안했습니다.

표현늘리기

■ 오노 씨는 결혼하셨어요?
大野さんは 結婚なさっているのですか。
오-노상와 겟꽁나샷떼이루노데스까

■ 혼자 삽니다.
一人ぐらしです。
히토리그라시데스

■ 아직 독신입니다.
まだ 独身です。
마다 독신데스

■ 올해 막 결혼했어요.
今年 結婚したばかりです。
고토시 겟꼰시타바바까리데스

98

■ 결혼한 지 얼마나 되셨어요?

結婚して どのくらいに なりますか。
겟꼰시테 도노쿠라이니 나리마스까

■ 중매결혼 하셨어요?

見合い結婚ですか。
미아이겟꼰데스까

■ 어떤 여자를 좋아합니까?

どんな 女性が 好きですか。
돈나 죠세-가 스키데스까

■ 야마다 씨는 남자친구가 있습니까?

山田さんは ボーイフレンドが いますか。
야마다상와 보-이후렌도가 이마스까

■ 사귀는 사람은 있으세요?

付き合っている方は いらっしゃいますか。
쯔키앗떼이루카따와 이랏샤이마스까

■ 언제 결혼하실 예정입니까?

いつ 結婚する つもりですか。
이쯔 겟꼰스루 쯔모리데스까

Tip

「結婚しましたか」라는 표현은 「(예전에) 결혼을 한 적이 있습니까?」라는 뜻이기 때문에 실례가 됩니다. 진행형인 「結婚して いますか」라고 하는 것이 올바른 표현입니다.

기본표현

A : 渡辺さんの お宅は 共働きですか。
와타나베산노 오타쿠와 토모바타라키데스까

B : はい、そうです。
하이 소-데스

A : 와타나베 씨 댁은 맞벌이하십니까?
B : 네, 그렇습니다.

표현늘리기

■ 부인 되시는 분은 일을 하십니까?
奥さんは 仕事を して いますか。
옥상와 시고토오 시떼 이마스까

■ 파트타임이긴 합니다만 하고 있습니다.
パートタイムですけど、して います。
파-토타이무데스께도 시떼 이마스

■ 편의점에서 아르바이트를 하고 있습니다.
コンビニで アルバイトを やっています。
콤비니데 아르바이토오 얏떼이마스

■ 가정교사를 하고 있습니다.
家庭教師を して います。
카테-쿄-시오 시떼 이마스

100

■ 제 아내는 주부입니다.

うちの 妻は 家庭の主婦です。

우치노 쯔마와 카테-노슈후데스

■ 일본에는 맞벌이하시는 분이 많습니까?

日本では 共働きの 方が 多いですか。

니혼데와 토모바타라키노 카타가 오-이데스까

■ 맞벌이가 늘고 있습니다.

共稼ぎが ふえて います。

토모카세기가 후에떼 이마스

■ 식사 준비는 제가 합니다.

食事の 支度は わたしが します。

쇼꾸지노 시타쿠와 와따시가 시마스

■ 육아는 함께 합니다.

子育ては 共に やっています。

코소다테와 토모니 얏떼이마스

■ 집안일(가사일)은 먼저 돌아온 쪽이 합니다.

家事は 先に 帰ったほうが します。

카지와 사키니 카엣따호-가 시마스

Tip

상대방의 말을 시인할 때 「그렇습니다」의 의미로 「そうです」라고 합니다. 반대로 「그렇지 않습니다」라고 할 때는 「そうでは ありません」이라고 합니다.

A : 金さんの 隣に いる 人は だれですか。
김산노 토나리니 이루 히토와 다레데스까

B : いもうとです。
이모-또데스

A : 김씨 옆에 있는 사람은 누구입니까?
B : 여동생입니다.

표현늘리기

■ 가족 사진을 보여 주세요.
家族の 写真を 見せて ください。
가조쿠노 샤싱오 미세떼 쿠다사이

■ 그것은 고등학교 시절의 사진입니다.
それは 私の 高校時代の 写真です。
소레와 와따시노 코-코-지다이노 샤신데스

■ 이것은 우리집 가족 사진입니다.
これは うちの 家族の 写真です。
고레와 우찌노 가조쿠노 샤신데스

■ 뒤쪽은 제 형제들입니다.
後ろは わたしの 兄弟です。
우시로와 와따시노 쿄-다이데스

■ 왼쪽은 형입니다.
左側は 兄です。
히다리가와와 아니데스

■ 한가운데는 아버지입니다.
真ん中は 父です。
만나카와 치찌데스

■ 나는 오른쪽 구석에 있습니다.
私は 右側の はじっこに います。
와따시와 미기가와노 하직꼬니 이마스

■ 제 앞에 있는 분이 어머니입니다.
私の 前に いる 人が お母さんです。
와따시노 마에니 이루 히또가 오카-산데스

■ 남동생은 이 사진에는 없습니다.
弟は この 写真には いません。
오토-또와 코노 샤신니와 이마셍

Tip

「となり」와 「よこ」는 둘 다 「옆」이라는 뜻을 가지고 있지만 다음과 같은 규칙을 알면 그 차이점을 쉽게 구별할 수 있습니다.
· 같은 종류들이 나열되어 있는 상태에서 「옆」→ となり
· 다른 여러 개체가 나열되어 있는 상태에서 「옆」→ よこ

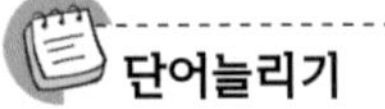

단어늘리기

기본단어

何人 (なんにん)	난닌	몇 사람, 몇 명
兄弟 (きょうだい)	쿄-다이	형제
何番目 (なんばんめ)	남밤메	몇 번째
長男 (ちょうなん)	쵸-난	장남
長女 (ちょうじょ)	쵸-죠	장녀
次男 (じなん)	시난	차남
次女 (じじょ)	지죠	차녀
末っ子 (すえこ)	스엑코	막내
一人っ子 (ひとりこ)	히또릭코	외동
両親 (りょうしん)	료-신	부모
一緒 (いっしょ)	잇쇼	함께
大家族 (だいかぞく)	다이카조꾸	대가족
一人ぐらし (ひとり)	히토리그라시	독신 생활
独身 (どくしん)	독신	독신
ばかり	바카리	~한 지 얼마 안되는
恋愛 (れんあい)	렝아이	연애
見合い (みあい)	미아이	맞선
見合い結婚 (みあいけっこん)	미아이겟꽁	중매결혼
つもり	쯔모리	생각, 작정, 의도
男 (おとこ)	오또코	남자
女 (おんな)	온나	여자
女性 (じょせい)	죠세-	여성, 여자

104

男性 (だんせい)	단세-	남성, 남자
好き (す)	스키	좋아함
ボーイフレンド	보-이후렌도	남자친구
彼氏 (かれし)	카레시	남자친구
彼女 (かのじょ)	카노죠	여자친구, 그녀
付き合う (つ あ)	쯔키아우	사귀다, 교제하다
パートタイム	파-토타이무	파트타임
コンビニ	콤비니	편의점
アルバイト	아르바이토	아르바이트
家庭教師 (かていきょうし)	카테-쿄-시	가정교사
共働き (ともばたら)	토모바타라키	맞벌이
共稼ぎ (ともかせ)	토모카세기	맞벌이
増える (ふ)	후에루	늘다, 늘어나다, 증가하다
家事 (かじ)	카지	가사, 집안일
食事 (しょくじ)	쇼꾸지	식사
支度 (したく)	시타쿠	준비
産む (う)	우무	분만하다, 낳다
子育て (こそだ)	코소다테	육아
供 (とも)	토모	같음, 동시
写真 (しゃしん)	샤싱	사진
見せる (み)	미세루	보여주다
誰 (だれ)	다레	누구
前 (まえ)	마에	앞, 정면
後ろ (うし)	우시로	뒤, 뒤쪽

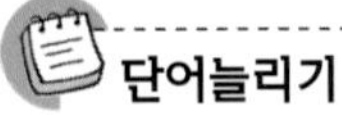 단어늘리기

となり 隣	토나리	이웃, 옆, 곁
よこ 横	요코	옆, 곁
ひだりがわ 左側	히다리가와	왼쪽
みぎがわ 右側	미기가와	오른쪽
なか まん中	만나카	한가운데, 중앙
はじっこ	하직꼬	끝, 구석
しょうがくせい 小学生	쇼-각세-	초등학생
ちゅうがくせい 中学生	츄-각세-	중학생
こうこうせい 高校生	코-코-세-	고등학생
だいがくせい 大学生	다이각세-	대학생
ぐんたい 軍隊	군따이	군대

보충단어

[조수사]

ひとり 一人	히토리	한 명
ふたり 二人	후타리	두 명
さんにん 三人	산닌	세 명
よにん 四人	요닌	네 명
ごにん 五人	고닌	다섯 명
ろくにん 六人	로꾸닌	여섯 명
しちにん 七人	시찌닌/나나닌	일곱 명
はちにん 八人	하찌닌	여덟 명
きゅうにん 九人	큐-닌	아홉 명
じゅうにん 十人	쥬-닌	열 명

[가족호칭]

가족	내 가족을 남에게 말할 때		남의 가족을 부를 때	
할아버지	祖父 (そふ)	소후	おじいさん	오지-상
할머니	祖母 (そぼ)	소보	おばあさん	오바-상
아버지	父 (ちち)	치찌	お父さん (とう)	오토-상
어머니	母 (はは)	하하	お母さん (かあ)	오카-상
형, 오빠	兄 (あに)	아니	お兄さん (にい)	오니-상
언니, 누나	姉 (あね)	아네	お姉さん (ねえ)	오네-상
남동생	弟 (おとうと)	오토-또	弟さん (おとうと)	오토-또상
여동생	妹 (いもうと)	이모-또	妹さん (いもうと)	이모-또상

主人 (しゅじん)	슈진	주인, 가장, 남편
夫 (おっと)	옷또	남편
妻 (つま)	쯔마	아내
奥さん (おく)	옥상	부인
おじさん	오지상	삼촌, 아저씨
おばさん	오바상	이모, 아주머니
息子 (むすこ)	무스코	아들
娘 (むすめ)	무스메	딸
子 (こ)	코	자식
子供 (こども)	코도모	자식, 아이

<ruby>結婚式<rt>けっこんしき</rt></ruby> 결혼식

일본인들은 결혼식에 자신과 직접 관계있는 사람들에게만 따로 청첩장을 보내기 때문에 초대받지 못한 사람은 참석할 수 없습니다. 만약 초대장을 받았다면 참석 여부를 미리 통보해 주는 것이 예의입니다. 그리고 테이블마다 지정된 이름이 놓여 있기 때문에 자신의 이름이 쓰여 있는 자리를 찾아서 앉아야 합니다. 또한, 결혼식에 참석할 때에는 주로 검은색 정장을 입는 것이 보통입니다.

결혼식에서 신랑, 신부는 처음에는 전통혼례복을 입고 식을 진행하다가 피로연에서는 드레스로 갈아입고 초대한 사람들과 같이 식사를 합니다. 피로연에서는 신랑, 신부가 장기자랑을 하거나 친구들이 축하 인사말을 하고 축가를 불러주면서 즐깁니다.

제 6 장

일상생활

1. 매일 몇 시 정도에 집을 나오세요?
2. 늦어도 5시에는 끝나요.
3. 학교는 어떻게 가요?
4. 언제까지 계약해야 하나요?
5. 집세는 얼마인가요?
6. 집이 몇 평이지요?
7. 오늘은 날씨가 좋군요.
8. 일기예보에 의하면 내일도 비라고 합니다.

기본표현

A : 毎日 何時ごろ 家を 出ますか。
마이니찌 난지고로 이에오 데마스까

B : たいてい 8時ごろ 家を 出ます。
타이테- 하찌지고로 이에오 데마스

A : 매일 몇 시 정도에 집을 나오세요?
B : 보통 8시 정도에 집을 나옵니다.

표현늘리기

■ 교통체증이 심해졌습니다.
交通渋滞が ひどく なりました。
코-쯔-쥬-타이가 히도꾸 나리마시타

■ 출근시간에는 항상 붐빕니다.
出勤時間には いつも 込みます。
슉킨지칸니와 이쯔모 코미마스

■ 막힐 때는 1시간 반도 걸립니다.
込んで いる 時は 1時間判も かかります。
콘데 이루 토끼와 이찌지캉함모 가카리마스

■ 길이 막히기 때문에 자주 늦습니다.
道が 込んでるため よく 遅れます。
미찌가 콘데루타메 요꾸 오쿠레마스

110

■ 회사까지는 꽤 시간이 걸립니다.

会社までは かなり 時間が かかります。

카이샤마데와 카나리 지캉가 가카리마스

■ 통근만으로도 지칩니다.

通勤だけでも 疲れちゃいます。

쯔-킨다케데모 츠카레쨔이마스

■ 가끔 지각을 할 때도 있습니다.

たまに 遅刻を する ときも あります。

타마니 치코쿠오 스루 토끼모 아리마스

■ 몇 번 갈아타십니까?

何回 乗り換えますか。

낭까이 노리카에마스까

■ 지금은 익숙해졌어요.

今は もう 慣れました。

이마와 모- 나레마시타

■ 집에는 언제쯤 돌아옵니까?

家には 何時ごろ 帰りますか。

이에니와 난지고로 카에리마스까

Tip

「ころ」와 「くらい」는 우리말로는 둘 다 「~정도」이지만 쓰임에서 약간의 차이가 있습니다. 「ころ」는 때를, 「くらい」는 시간의 길이를 표현합니다. 「ころ」에 탁음이 붙어 「ごろ」가 되는 것은 규칙에 의한다기보다는 발음상의 편의를 위한 것입니다.

기본표현

A : 授業 ありますか。
쥬교- 아리마스까

B : いいえ、授業は おそくとも 5時には おわ
りますよ。
이-에 쥬교-와 오소쿠토모 고지니와 오와리마스요

A : 수업 있어요?
B : 아니요, 수업은 늦어도 5시에는 끝나요.

표현늘리기

■ 수업은 매일 9시에 시작됩니다.

授業は 毎日 9時に 始まります。
쥬교-와 마이니찌 쿠지니 하지마리마스

■ 몇 시 정도에 회사에 도착합니까?

何時ごろに 会社に 着きますか。
난지고로니 카이샤니 쯔키마스까

■ 몇 시부터 몇 시까지 근무하십니까?

何時から 何時まで 勤務されますか。
난지까라 난지마데 킴무사레마스까

■ 근무는 9시부터 시작되어 5시 반에 끝납니다.

勤務は 9時に 始まり、5時半に 終わります。
킴무와 쿠지니 하지마리 고지한니 오와리마스

112

■ 회의는 몇 시에 끝날까요?

会議は 何時に 終わるでしょう。

가이기와 난지니 오와루데쇼-

■ 일은 언제 끝나나요?

仕事は いつ 終わりますか。

시고또와 이쯔 오와리마스까

■ 이 행사는 언제까지 하나요?

この 行事は いつまで 行われますか。

고노 교-지와 이쯔마데 오코나와레마스까

■ 도서관은 몇 시까지 하나요?

図書館は 何時まで しますか。

도쇼캉와 난지마데 시마스까

■ 가끔 늦게까지 일을 해야 합니다.

ときどき 遅くまで 仕事を しなきゃいけないです。

토키도끼 오소꾸마데 시고또오 시나캬이케나이데스

■ 퇴근시간은 일정합니까?

退勤時間は 決まって いますか。

타이킹지캉와 키맛떼 이마스까

A : 学校まで　どのように　来られますか。
각꼬-마데 도노요-니 코라레마스까

B : バスにも　乗り、地下鉄にも　乗ります。
바스니모 노리 치카테쯔니모 노리마스

A : 학교까지 어떻게 오십니까?
B : 버스도 타고 지하철도 탑니다.

표현늘리기

■ 회사까지 어떻게 가십니까?
会社まで　どうやって　行かれますか。
가이샤마데 도-얏떼 이카레마스까

■ 저는 자가용으로 통근합니다.
わたしは　マイカー通勤です。
와따시와 마이카-쯔-킨데스

■ 집에서 학교까지 택시로 갑니다.
家から　学校まで　タクシーで　行きます。
이에까라 각꼬-마데 타쿠시-데 이키마스

■ 아버지가 운전하시는 차로 갑니다.
父の　運転する　車で　行くんです。
치찌노 운뗀스루 쿠루마데 이쿤데스

■ 학교까지 전철로 갑니다.
学校まで 電車で 行きます。
각꼬-마데 덴샤데 이키마스

■ 자전거로 갑니다.
自転車で 行きます。
지뗀샤데 이키마스

■ 전철로 다닙니다.
電車で 通って います。
덴샤데 카욧떼 이마스

■ 걸어서 갑니다.
歩いて 行きます。
아루이떼 이키마스

■ 학교가 집에서 멉니까?
学校は 家から 遠いですか。
각꼬-와 이에까라 토-이데스까

■ 버스를 2번 갈아타야만 합니다.
バスを 2回 乗り換えなければ なりません。
바스오 니카이 노리카에나케레바 나리마셍

Tip

「～も」는 우리말의 「～도」에 해당하여 같은 종류의 것이 그밖에 또 있음을 나타내며 경우에 따라서는 강조를 할 때도 사용합니다.
「～から …まで」는 우리말의 「～부터 …까지」에 해당하며 시간·장소를 나타내는 단어에 붙어 일정한 범위를 나타냅니다.

기본표현

A : いつまでに 決めなければ なりませんか。
이쯔마데니 키메나케레바 나리마셍까

B : できるだけ 早く おねがいします。
데키루다께 하야꾸 오네가이시마스

A : 언제까지 결정해야 하나요?
B : 가능한 한 빨리 부탁드립니다.

표현늘리기

■ 언제 지어진 거죠?

いつ 建てられた ものですか。
이쯔 타테라레따 모노데스까

■ 이 건물은 지은 지 몇 년이나 됐습니까?
この 建物は 建てて 何年くらいですか。
고노 타떼모노와 타테떼 난넨쿠라이데스까

■ 가구 같은 것은 전부 갖춰져 있어요.
家具などは 全部 付いています。
가구나도와 젬부 쯔이떼이마스

■ 이 집은 욕실이 딸려 있습니다.
この 家は 風呂付きです。
고노 이에와 후로쯔키데스

■ 채광은 어때요?

日当たりは どうですか。

히아타리와 도-데스까

■ 남향이라 좋을 거에요.

南向きだから いいと 思いますよ。

미나미무키다까라 이-또 오모이마스요

■ 마음에 안 드시는 것이라도 있습니까?

何か 気に入らないことでも ありますか。

나니까 키니이라나이고또데모 아리마스까

■ 싸다면 빌리고 싶습니다.

やすいなら 借りたいです。

야스이나라 카리따이데스

■ 오늘 중으로 연락드리겠습니다.

今日中に ご連絡します。

쿄-쥬-니 고렌라꾸시마스

■ 계약하겠습니다.

契約する ことに します。

케-야꾸스루 코또니 시마스

Tip

「〜なければ なりません」은 직역하면 「〜하지 않으면 안된다」라는 뜻으로 「〜해야만 한다」는 의무를 나타냅니다. 「〜まで」와 「〜までに」는 둘 다 「〜까지」라는 뜻이지만 기한을 나타내는 경우에는 「までに」를 사용합니다.

A : 家賃は いくらですか。
야칭와 이쿠라데스까

B : 毎月 ８万円ずつです。
마이쯔키 하치망엔즈쯔데스

A : 집세는 얼마입니까?
B : 매달 8만 엔씩입니다.

표현늘리기

■ 저는 사택에 살고 있습니다.

わたしは 社宅に 住んで います。
와따시와 샤타쿠니 슨데 이마스

■ 제가 살고 있는 곳은 임대아파트입니다.

わたしの ところは 貸しアパートです。
와따시노 토꼬로와 카시아파-토데스

■ 맨션에 살고 있습니다.

マンションに 住んで います。
만숀니 슨데 이마스

■ 맨션은 자기 집입니까?

マンションは 持ち家ですか。
만숀와 모치이에데스까

■ 셋집입니다.
借家です。
샤꾸야데스

■ 한 달에 얼마입니까?
ひと月 いくらですか。
히토쯔키 이쿠라데스까

■ 집세가 조금 비싸네요.
家賃が ちょっと 高いですね。
야칭가 촛또 다카이데스네

■ 이 방은 햇볕이 잘 듭니다.
この 部屋は よく 日が 当たります。
고노 헤야와 요꾸 히가 아타리마스

■ 교통은 편리합니까?
交通は 便利ですか。
코-쯔-와 벤리데스까

■ 주차장은 있습니까?
駐車場は ありますか。
츄-샤죠-와 아리마스까

Tip

「家賃(집세)」는 월세를 뜻하는 말입니다. 일본은 우리나라와 달리 전세의 개념이 없으며 반드시 보증인이 있어야 집을 구할 수 있습니다.

A：家の 広さは どれくらいですか。
이에노 히로사와 도레쿠라이데스까

B：６０平方 メートルぐらいです。
로꾸쥬-헤이호- 메-토루구라이데스

A : 집의 넓이는 얼마나 됩니까?
B : 60평방 미터 정도 됩니다.

표현늘리기

■ 이 방은 다다미 몇 장 정도입니까?
この 部屋は 何畳くらいですか。
고노 헤야와 난죠-쿠라이데스까

■ 집은 그다지 크지 않습니다.
家は あまり 大きく ないです。
이에와 아마리 오-키꾸 나이데스

■ 댁은 단독주택입니까?
お住まいは 一戸建てですか。
오스마이와 익꼬다테데스까

■ 2층집입니다.
二階建てです。
니까이다떼데스

120

■ 몇 층입니까?

何階ですか。
낭까이데스까

■ 방이 몇 개 있습니까?

何部屋 ありますか。
낭헤야 아리마스까

■ 서양식입니까, 일본식입니까?

洋風ですか、和風ですか。
요-후-데스까 와후-데스까

■ 이 방은 일본식 다다미방입니다.

この 部屋は 畳の 和室です。
고노 헤야와 다타미노 와시쯔데스

■ 방 두 개에 부엌과 욕실, 그리고 거실이 있습니다.

部屋が 二つで、台所と 風呂場、そして 居間が あります。
헤야가 후타쯔데 다이도코로또 후로바 소시떼 이마가 아리마스

■ 우리집에는 정원이 있습니다.

私の 家には 庭が あります。
와따시노 이에니와 니와가 아리마스

Tip

집 평수를 말할 때 주택광고에서는 보통 ㎡를 쓰지만 실생활에서는 「坪(つぼ)」를 많이 쓰며, 방의 넓이를 말할 때는 「畳(じょう)」를 씁니다.

기본표현

A : 今日は いい 天気ですね。
교-와 이- 텡끼데스네

B : そうですね。
소-데스네

A : 오늘은 날씨가 좋군요.
B : 그렇네요.

표현늘리기

■ 무덥습니다.

むしあついです。
무시아쯔이데스

■ 오늘 아침은 흐렸습니다.

今朝は 曇って いました。
케사와 쿠못떼 이마시타

■ 바람이 세졌습니다.

風が 強く なりました。
카제가 쯔요꾸 나리마시타

■ 날씨가 별로 좋지 않군요.

あまり 天気が よくないですね。
아마리 텡끼가 요꾸나이데스네

122

■ 오늘은 시원하군요.

今日は 涼しいですね。

쿄-와 스즈시-데스네

■ 요즘 계속 비가 오네요.

この頃は ずっと 雨です。

고노고로와 즛또 아메데스

■ 비가 올 것 같습니다.

雨が 降りそうです。

아메가 후리소-데스

■ 태풍이 다가오고 있습니다.

台風が 近づいています。

타이후-가 치카즈이떼이마스

■ 눈이 오고 있습니다.

雪が 降っています。

유키가 훗떼이마스

■ 습기가 대단하군요.

湿気が すごいですね。

식케가 스고이데스네

Tip

「날씨가 춥다/덥다」의 표현은 날씨라는 말을 붙이지 않고 그냥 「さむい/あつい」라고 하며 「날씨가 좋다/나쁘다」는 「天気が いい/天気が わるい」로 씁니다. 「天気が さむい/天気が あつい」 등으로 쓰지 않도록 주의합니다.

기본표현

A : 天気予報に よると 明日も 雨だそうです。
텡끼요호-니 요루또 아시타모 아메다소-데스

B : そうですか。
소-데스까

A : 일기예보에 의하면 내일도 비가 온다고 합니다.
B : 그래요?

표현늘리기

■ 일기예보는 어때요?
天気予報は どうですか。
텡끼요호-와 도-데스까

■ 오늘은 맑다고 합니다.
今日は 晴れるそうです。
쿄-와 하레루소-데스

■ 오늘은 흐리다고 합니다.
今日は 曇りだそうです。
쿄-와 쿠모리다소-데스

■ 맑은 뒤 흐립니다.
晴れのち曇りです。
하레노치쿠모리데스

■ 내일은 눈이 온다고 합니다.

明日は 雪だそうです。

아시타와 유키다소-데스

■ 내일부터 장마라고 합니다.

明日から 梅雨だそうです。

아시타까라 쯔유다소-데스

■ 점점 더워진다고 합니다.

だんだん 暑くなるそうです。

단단 아쯔쿠나루소-데스

■ 추운 날이 계속되고 있습니다.

寒い日々が 続いています。

사무이히비가 쯔즈이떼이마스

■ 태풍이 상륙한다고 합니다.

台風が 上陸するそうです。

타이후-가 죠-리꾸스루소-데스

■ 오전에는 맑았다가 오후부터 비가 내린다고 합니다.

午前中は 晴れ、午後から 雨になるそうです。

고젠츄-와 하레 고고까라 아메니나루소-데스

「~に よると」는 객관적인 사실을 전달할 때 뒤에「…そうだ」를 취하여
「~에 의하면 …라고 한다」의 뜻을 가집니다.

기본단어

しゅっきん 出勤	슉킨	출근
つうきん 通勤	쯔–킨	통근
たいきん 退勤	타이킹	퇴근
こうつう 交通	코–쯔–	교통
じゅうたい 渋滞	쥬–타이	정체
こ 込む	코무	붐비다, 혼잡을 이루다
ひどい	히도이	심하다
いつも	이쯔모	항상, 늘
かなり	카나리	꽤, 제법, 상당히
たまに	타마니	간혹, 어쩌다
ときどき	토키도키	가끔
つか 疲れる	츠카레루	지치다, 피로해지다
ちこく 遅刻	치코쿠	지각
な 慣れる	나레루	익숙해지다
ごろ 頃	고로	쯤, 경, 무렵
つ 着く	쯔쿠	도착하다
はじ 始まる	하지마루	시작되다
お 終わる	오와루	끝나다
きんむ 勤務	킴무	근무
かいぎ 会議	카이기	회의
じゅぎょう 授業	쥬교–	수업
ぎょうじ 行事	교–지	행사

行われる	오코나와레루	행해지다, 실시되다
図書館	도쇼캉	도서관
遅い	오소이	늦어지다, 늦다
遅くとも	오소꾸토모	늦어도, 늦는다 해도
少ない	스쿠나이	적다
少なくとも	스쿠나꾸토모	적어도, 최소한
決まる	키마루	정해지다, 결정되다
決める	키메루	정하다, 결정하다
マイカー	마이카―	자가용 차
地下鉄	치카테쯔	지하철
タクシー	타쿠시―	택시
車	쿠루마	차
バス	바스	버스
電車	덴샤	전철
自転車	지뗸샤	자전거
運転	운뗀	운전
乗り換える	노리카에루	갈아타다, 바꿔 타다
歩く	아루쿠	걷다, 걸어가다
通う	카요우	다니다, 오가다
建てる	타테루	(건물을) 짓다, 세우다
建物	타테모노	건물
家具	가구	가구
全部	젬부	전부, 모두
風呂	후로	목욕탕, 욕실

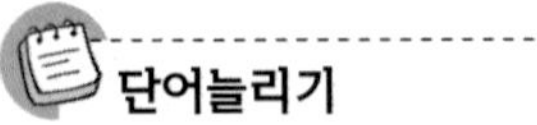

風呂場 (ふろば)	후로바	욕실
台所 (だいどころ)	다이도코로	부엌
居間 (いま)	이마	거실
庭 (にわ)	니와	정원
付く (つく)	쯔쿠	덧붙다, 새로 붙다, 딸리다
付き (つき)	쯔키	딸림
広さ (ひろさ)	히로사	넓이, 면적
広い (ひろい)	히로이	넓다
日当たり (ひあたり)	히아타리	볕이 듦, 양지
向き (むき)	무키	방향
東 (ひがし)	히가시	동쪽
西 (にし)	니시	서쪽
南 (みなみ)	미나미	남쪽
北 (きた)	키타	북쪽
安い (やすい)	야스이	싸다
高い (たかい)	다카이	높다, 비싸다
借りる (かりる)	카리루	빌리다
貸す (かす)	카스	빌려 주다
気に入る (きにいる)	키니이루	마음에 들다
契約 (けいやく)	케-야꾸	계약
できるだけ	데키루다께	최대한, 가능한 한
住まい (すまい)	스마이	사는 곳, 집
社宅 (しゃたく)	샤타쿠	사택
マンション	만숀	맨션

持ち家	모찌이에	자기 소유의 집
借家	샤꾸야	셋집
貸しアパート	카시아파-토	임대아파트
一戸建て	익꼬다떼	단독 주택
二階建て	니카이다떼	2층집
何階	낭까이	몇 층
洋風	요-후-	서양식
和風	와후-	일본식
畳	다타미	다다미
和室	와시쯔	(다다미를 깐) 일본식 방
駐車場	쥬-샤죠-	주차장
家賃	야칭	집세
ひと月	히토쯔키	한 달
いくら	이쿠라	얼마, 어느 정도
部屋	헤야	방
すごい	스고이	굉장하다
ずっと	즛또	계속, 줄곧
近づく	치카즈쿠	다가오다, 가까워지다
だんだん	단단	점점, 차차, 차츰
強い	쯔요이	세다, 강하다
続く	쯔즈쿠	이어지다, 계속되다
上陸	죠-리꾸	상륙

보충단어

[날씨표현]

天気	텡끼	날씨
天気予報	텡끼요호-	일기예보
気温	기옹	기온
気圧	기아쯔	기압
暖かい	아타타까이	따뜻하다
暑い	아쯔이	덥다
蒸し暑い	무시아쯔이	무덥다
寒い	사무이	춥다
涼しい	스즈시-	시원하다, 선선하다
空	소라	하늘
晴れる	하레루	날씨가 개다
日差し	히자시	햇살
曇	쿠모	구름
曇り	쿠모리	흐림
晴れのち曇り	하레노치쿠모리	맑은 뒤 흐림
風	카제	바람
雨	아메	비
雪	유키	눈
吹雪	후부키	눈보라
吹く	후쿠	(바람이) 불다
降る	후루	(비, 눈 등이) 내리다, 오다

湿気（しっけ）	식케	습기
雷（かみなり）	카미나리	천둥
稲妻（いなずま）	이나즈마	번개
梅雨（つゆ）	쯔유	장마
霧（きり）	키리	안개
霜（しも）	시모	서리
霧雨（きりさめ）	키리사메	이슬비
夕立（ゆうだち）	유-다찌	소나기
にわか雨（あめ）	니와카아메	소나기
台風（たいふう）	타이후-	태풍
どしゃぶり	도샤부리	폭우
嵐（あらし）	아라시	폭풍우
津波（つなみ）	쯔나미	해일, 쓰나미
地震（じしん）	지신	지진
洪水（こうずい）	고-즈이	홍수
日照り（ひでり）	히데리	가뭄
虹（にじ）	니지	무지개
かげろう	카게로-	아지랑이

御葬式 장례식

　일본은 장례식 전날 밤을 오쯔야(お通夜)라고 하여 가까운 친척이나 친지들이 모여 함께 하룻밤을 지내는데, 최근에는 죽은 당일날 밤에 하는 경우가 많아졌습니다. 지금은 오쯔야에 가까운 친척 이외에도 많은 사람들이 참석하는 것이 일반적이지만, 본래는 사자(死者)와 유족으로 한정되어 있었습니다. 사람이 죽으면 그 집에서는 현관에 발을 뒤집어 달고 상중(忌中) 팻말을 붙이고 스님에게 부탁하여 계명(戒名)을 지어줍니다. 영결식은 장례식 사이나 후에 행하는데, 영결식에 참석한 사람은 분향 또는 꽃을 바친 뒤 유족들에게 애도의 말을 전합니다. 영결식 후에는 화장터에 가서 화장을 하고 화장한 뼈는 젓가락으로 전달해서 뼈단지(骨壷)에 담습니다. 유골과 함께 귀가한 후 다음 날 납골(매장)합니다.

여가 · 취미

기본표현

A : ひまな 日は 何を しますか。
히마나 히와 나니오 시마스까

B : 映画を よく 見ます。
에-가오 요꾸 미마스

A : 한가한 날에는 뭘 하세요?
B : 영화를 자주 봅니다.

표현늘리기

■ 주말은 어떻게 보내세요?
週末は どのように 過されますか。
슈-마쯔와 도노요-니 스고사레마스까

■ 한가한 때는 무엇을 하십니까?
ひまな 時は 何を なされますか。
히마나 토끼와 나니오 나사레마스까

■ 드라이브하러 갑니다.
ドライブに 行きます。
도라이브니 이키마스

■ 낚시를 가거나 합니다.
釣りに 行ったり します。
쯔리니 잇따리 시마스

■ 일요일마다 갑니다.

日曜日ごとに 行きます。

니찌요-비고또니 이키마스

■ 일주일에 세 번 정도 합니다.

一週間に 3回くらい します。

잇슈-칸니 상까이쿠라이 시마스

■ 낮잠을 잡니다.

昼寝を します。

히루네오 시마스

■ 책을 읽거나 음악을 듣거나 합니다.

本を 読んだり 音楽を 聞いたりします。

홍오 욘다리 옹가꾸오 키이따리 시마스

■ 게임을 합니다.

ゲームを やります。

게-무오 야리마스

■ 텔레비전을 보면서 빈둥빈둥댑니다.

テレビを 見ながら ごろごろします。

테레비오 미나가라 고로고로시마스

Tip

「스트레스가 쌓이다, 피로가 쌓이다」는 「ストレスが たまる/つかれが たまる」라고 하며, 반대로 「피로가 가시다」라는 말은 「つかれが とれる」라고 합니다.

기본표현

A : 大野さんの 趣味は 何ですか。
오-노산노 슈미와 난데스까

B : 山登りです。
야마노보리데스

A : 오노 씨의 취미는 뭡니까?
B : 등산입니다.

표현늘리기

■ 흥미있는 일은 무엇입니까?

興味は 何ですか。
쿄-미와 난데스까

■ 스포츠는 좋아하세요?

スポーツは 好きですか。
스포-쯔와 스키데스까

■ 저는 야구 팬이에요.

わたしは 野球ファンです。
와따시와 야큐-환데스

■ 요즘 축구에 빠져 있습니다.

今 サッカーに はまって います。
이마 삭까-니 하맛떼 이마스

■ 저는 재즈를 좋아해요.

わたしは ジャズが 好^すきです。

와따시와 쟈즈가 스키데스

■ 취미로 서예를 하고 있어요.

趣味^{しゅみ}で 書道^{しょどう}を して います。

슈미데 쇼도-오 시떼 이마스

■ 다도에 관심이 있습니다.

茶道^{さどう}に 関心^{かんしん}が あります。

사도-니 칸싱가 아리마스

■ 저는 영화 보는 걸 좋아합니다.

わたしは 映画^{えいが}を 見^みることが 好^すきです。

와따시와 에-가오 미루코또가 스키데스

■ 그림을 그리는 것입니다.

絵^えを 描^かくことです。

에오 카꾸코또데스

■ 미술품에 흥미가 있습니다.

美術品^{びじゅつひん}に 興味^{きょうみ}が あります。

비쥬쯔힌니 쿄-미가 아리마스

Tip

「何」는 뒤에 오는 발음에 따라 「なん」, 「なに」의 두 가지로 읽힙니다.
「何」 뒤에 「だ · で · と · の」 등이 오면 「なん」이 됩니다.
「何」 뒤에 「か · が · も · を」 등이 오면 「なに」가 됩니다.

A：和子さん、今夜 お暇ですか。
카즈코상 콩야 오히마데스까

B：ええ、空いて います。
에– 아이떼 이마스

A : 카즈코씨, 오늘밤 시간 있어요?
B : 네, 있어요.

표현늘리기

■ 사토 씨는 제 취향이 아니에요.
佐藤さんは わたしの 好みでは ありません。
사토–상와 와따시노 코노미데와 아리마셍

■ 친구가 되어 주지 않겠어?
友達に なって くれない？
토모다찌니 낫떼 쿠레나이

■ 저는 약혼한 사람이 있어요.
わたしは フィアンセが います。
와따시와 휘앙세가 이마스

■ 한눈에 반했어요.
ひとめぼれ しました。
히토메보레 시마시따

■ 요즘은 예쁜 남자가 인기 있어요.

最近、きれいな 男が いけてますよ。
사이킹 키레-나 오토코가 이케떼마스요

■ 사귀는 사람은 있어요?

付き合ってる 人は いますか。
쯔키앗떼루 히또와 이마스까

■ 죄송하지만, 오늘은 약속이 있어서요.

すみません、今日は ちょっと 約束が ありまして。
스미마셍 쿄-와 춋또 약소꾸가 아리마시떼

■ 오늘은 안되는데, 내일은 어떠세요?

今日は だめなんですけど、明日は どうですか。
쿄-와 다메난데스케도 아시타와 도-데스까

■ 다른 날이라면 괜찮습니다만.

別の 日なら 大丈夫ですが。
베쯔노 히나라 다이죠-부데스가

Tip

한국에서는 어딜 가나 유머 감각 있는 남자가 이상형 1순위입니다. 마찬가지로 일본에서도 「おもしろい 人(재미있는 사람)」가 인기가 있습니다. 참고로 근사한 남자는 「いかす 男(おとこ)」, 멋쟁이 여자는 「おしゃれな 女(おんな)」입니다.

기본표현

A : 約束が なければ 一緒に どこかへ 行きませんか。
약소꾸가 나케레바 잇쇼니 도코카에 이키마셍까

B : そうしましょう。

소-시마쇼-

A : 약속이 없으면 같이 어디 갈래요?
B : 그러지요.

표현늘리기

■ 수업 끝나면 차 마시러 가지 않을래요?
授業が 終わったら お茶 飲みに 行きませんか。
쥬교-가 오왓따라 오챠 노미니 이키마셍까

■ 비가 오면 약속을 취소하죠.
雨が 降ったら 約束を 取り消しましょう。
아메가 훗따라 약소꾸오 토리케시마쇼-

■ 하이킹 하러 갈래요?
ハイキングに 行きませんか。
하이킹구니 이키마셍까

■ 등산하러 갑시다.
登山に 行きましょう。
토잔니 이키마쇼-

140

■ 영화 보러 갑시다.

映画 見に 行きましょう。
에-가 미니 이키마쇼-

■ 저랑 콘서트 보러 가지 않을래요?

私と コンサートを 見に 行きませんか。
와따시토 콘사-토오 미니 이키마셍까

■ 같이 식사하지 않을래요?

一緒に お食事 しませんか。
잇쇼니 오쇼꾸지 시마셍까

■ 가까운 시일 내에 다 같이 식사하는 건 어떻습니까?

近いうちに みんなと お食事でも どうですか。
치카이우치니 민나또 오쇼꾸지데모 도-데스까

■ 유감스럽지만 갈 수 없습니다.

残念ながら 行けません。
잔넨나가라 이케마셍

■ 물론 가겠습니다.

もちろん 行きます。
모찌롱 이키마스

Tip

누가 권유를 해올 때 못 이기는 척 수락할 때 쓰는 말은 「じゃ、お言葉(ことば)に あまえて(그럼, 그렇게 말하니까<그렇게 하도록 하죠>)」입니다.

기본표현

A : 上野公園は いかがですか。
우에노고-엥와 이카가데스까

B : ええ、そこに しましょう。
에- 소꼬니 시마쇼-

A : 우에노 공원은 어때요?
B : 네, 거기로 하지요.

표현늘리기

■ 한번 만나고 싶어서.
一度 お会いしたくて。
이찌도 오아이시타쿠떼

■ 한번 뵙고 싶습니다만.
一度 お目に かかりたいんですが。
이찌도 오메니 카카리따인데스가

■ 무슨 용건이십니까?
何の ご用件ですか。
난노 고요-켄데스까

■ 의논드리고 싶은 일이 있습니다.
相談したい ことが あります。
소-단시따이 코토가 아리마스

■ 언제쯤이 좋을까요?

いつごろが よろしいですか。
이쯔고로가 요로시-데스까

■ 장소는 어디로 할까요?

場所は どこに しましょうか。
바쇼와 도코니 시마쇼-까

■ 어디에서 만날까요?

どこで 会いましょうか。
도코데 아이마쇼-까

■ 어디서 만나는 게 가장 좋을까요?

どこが いちばん 都合が いいですか。
도코가 이찌방 쯔고-가 이-데스까

■ 2시 정도는 어떠세요?

2時ごろは いかがですか。
니지고로와 이카가데스까

■ 괜찮습니다.

けっこうです。
겟코-데스

Tip

　권유를 나타내는 「~ましょう」의 원형은 「ます」인데, 뒤에 「か」를 붙여 「~ましょうか」 하면 좀더 부드러운 표현이 됩니다. 비슷한 표현으로는 「~ませんか」가 있습니다.

A : 朴さんは 水泳が できますか。
박상와 스이에-가 데키마스까

B : ええ、でも あまり 上手では ありません。
에- 데모 아마리 죠-즈데와 아리마셍

A : 박씨는 수영을 할 수 있습니까?
B : 예, 하지만 그다지 잘하지는 못합니다.

표현늘리기

■ 매우 잘하시는군요.

とても 上手ですね。
도떼모 죠-즈데스네

■ 아니요, 그다지 그렇지도 않습니다.

いいえ、あまり そうでも ありません。
이-에 아마리 소-데모 아리마셍

■ 아직 능숙하게는 못합니다.

まだ 上手には できません。
마다 죠-즈니와 데키마셍

■ 빨리 잘하고 싶습니다.

早く 上手に なりたいです。
하야꾸 죠-즈니 나리따이데스

■ 할 수 있기는 합니다만…….

できる　ことは　できるんですが……。
데키루 코또와 데키룬데스가

■ 언제 시작하셨어요?

いつ　はじめましたか。
이쯔 하지메마시타까

■ 배운 지 아직 한 달도 안 됐어요.

習ってから　まだ　1か月も　経ってないです。
나랏떼까라 마다 익카게쯔모 탓떼나이데스

■ 훌륭하시네요.

お見事ですね。
오미고또데스네

■ 아직 부족합니다.

まだまだです。
마다마다데스

■ 그렇지도 않아요.

そうでもないですよ。
소-데모나이데스요

Tip

「できる」는 보통 「할 수 있다」의 뜻이지만 「~이 생기다」라는 말로도 쓰입니다. 예를 들어 「여드름이 생기다」는 「にきびが　できる」, 「뾰루지가 생기다」는 「できものが　できる」, 「아이가 생기다」는 「こどもが　できる」라고 합니다.

기본표현

A : 何時に　始まりますか。
난지니 하지마리마스까

B : 午後　3時半です。
고고 산지한데스

A : 몇 시에 시작합니까?
B : 오후 3시 반입니다.

표현늘리기

■ 어디서 표를 삽니까?

どこで　チケットを　買いますか。
도코데 치켓또오 카이마스까

■ 가장 싼 자리는 얼마입니까?

いちばん　安い　席は　いくらですか。
이찌방 야스이 세키와 이쿠라데스까

■ 이 차림으로 갈 수 있습니까?

この　格好で　行けますか。
고노 각꼬-데 이케마스까

■ 지금 어떤 영화가 상영되고 있습니까?

今　どんな　映画が　上映されて　いますか。
이마 돈나 에-가가 죠-에-사레떼 이마스까

■ 콘서트는 벌써 시작했나요?

コンサートは もう 始まったんですか。
콘사-또와 모- 하지맛딴데스까

■ 공연은 언제쯤 끝납니까?

公演は 何時ごろ 終わりますか。
코-엔와 난지고로 오와리마스까

■ 언제까지 하나요?

いつまで やりますか。
이쯔마데 야리마스까

■ 지금이라도 표를 구할 수 있나요?

今からでも チケットは 手に 入りますか。
이마까라데모 치켓또와 테니 하이리마스까

■ 가운데 자리로 주세요.

中央寄りの 席を ください。
쥬-오-요리노 세키오 쿠다사이

■ 어른 2장이랑 아이 1장 주세요.

大人2枚と 子供1枚 ください。
오토나니마이또 코도모이찌마이 쿠다사이

Tip

영화나 공연을 관람할 때는 시작되기 전에 착석하는 것이 기본 에티켓이
지만 사정이 여의치 못해 늦을 경우 「始まってから 中(なか)へ 入れますか
(시작하고 나서 들어갈 수 있습니까?)」라고 말합니다.

기본표현

A : お正月には　何を　しますか。
오쇼-가쯔니와 나니오 시마스까

B : お正月には　年賀状を　出します。
오쇼-가쯔니와 넹가죠-오 다시마쓰

A : 정월에는 무엇을 합니까?
B : 정월에는 연하장을 보냅니다.

표현늘리기

■ 신년인사로 연하장을 보냅니다.
新年の　あいさつに　年賀状を　出します。
신넨노 아이사쯔니 넹가죠-오 다시마스

■ 가장 중요한 행사입니다.
もっとも　大事な　行事です。
못또모 다이지나 교-지데스

■ 크리스마스 카드 같은 것입니다.
クリスマスカードの　ような　ものです。
크리스마스카-도노 요-나 모노데스

■ 오세치 요리를 먹습니다.
おせち料理を　食べます。
오세치료-리오 타베마스

■ 떡국을 먹습니다.

おぞうにを 食^たべます。
오조-니오 타베마스

■ 친척들과 모여서 놉니다.

親戚^{しんせき}の 家^{いえ}に 行^いって 遊^{あそ}びます。
신세키노 이에니 잇떼 아소비마스

■ 5월 5일은 일본에서도 어린이날입니다.

5月^{ごがつ} 5日^{いつか}は 日本^{にほん}でも 子供^{こども}の 日^ひです。
고가쯔 이쯔카와 니혼데모 코도모노히데스

■ 어린이날에는 코이노보리를 장식합니다.

子供^{こども}の 日^ひには こいのぼりを 飾^{かざ}ります。
코도모노히니와 코이노보리오 카자리마스

■ 칠석날에는 종이에 소원을 적어서 대나무 가지에 걸어둡니다.

七夕^{たなばた}には 短冊^{たんざく}に 願^{ねが}いを 書^かいて 笹^{ささ}たけに 飾^{かざ}ります。
다나바타니와 탄쟈쿠니 네가이오 카이떼 사사타케니 카자리마스

Tip

일본에서는 정월이 되면 집 앞이나 가게 앞에 소나무로 만들어진 장식물인 「松飾(まつかざ)り」를 세워놓고 신년을 축하하는 모습을 많이 볼 수 있습니다.

기본단어

週末 しゅうまつ	슈-마쯔	주말
ドライブ	도라이브	드라이브
釣り つ	쯔리	낚시
昼寝 ひる ね	히루네	낮잠
本 ほん	홍	책
音楽 おんがく	옹가꾸	음악
聞く き	키쿠	듣다
読む よ	요무	읽다
見る み	미루	보다
ゲーム	게-무	게임
ビデオ	비데오	비디오
テレビ	테레비	텔레비전
ごろごろ	고로고로	빈둥빈둥, 데굴데굴
好み この	코노미	기호, 취향
フィアンセ	휘앙세	피앙세, 약혼자
ひとめぼれ	히토메보레	한눈에 반함
約束 やくそく	약소꾸	약속
だめ	다메	할 수 없음, 불가능
きれい	키레-	예쁜, 깨끗한
最近 さいきん	사이킹	요즘
いける	이케루	꽤 쓸 만하다, 상당히 좋다
授業 じゅぎょう	쥬교-	수업

150

取り消し	토리케시	취소
ハイキング	하이킹구	하이킹
みんな	민나	모두, 전부
残念	잔넨	유감스러움, 아쉬움
もちろん	모찌롱	물론
一度	이찌도	한번
用件	요-켄	용건
相談	소-단	상담, 의논
場所	바쇼	장소
都合	쯔고-	형편, 사정
けっこう	겟코-	충분함, 만족스러움
上手	죠-즈	잘함, 능숙함
下手	헤타	서투름, 어설픔
まだまだ	마다마다	아직, 아직도
とても	도떼모	매우, 대단히
あまり	아마리	그다지, 별로
できる	데키루	할 수 있다, 가능하다
習う	나라우	배우다, 익히다, 연습하다
経つ	타쯔	(시간 · 세월이) 지나다, 흐르다
見事	미고또	훌륭함, 완벽함, 멋지고 능란함
コンサート	콘사-토	콘서트
公演	코-엔	공연
チケット	치켓또	티켓, 표
席	세키	자리

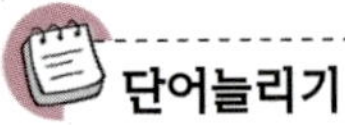

座席	자세키	좌석
いくら	이쿠라	얼마, 어느 정도
格好	각꼬-	모양, 모습, 차림
上映	죠-에-	상영
中央	츄-오-	중앙
手に入る	테니하이루	손에 들어오다, 입수하다
正月	쇼-가쯔	정월
あいさつ	아이사쯔	인사
年賀状	넹가죠-	연하장
出す	다쓰	(편지 등을) 보내다, 부치다
もっとも	못또모	가장, 제일
大事	다이지	중요함, 큰일, 중대사
こいのぼり	코이노보리	기둥에 잉어 모양의 천을 매달아 어린 아이의 건강·출세를 비는 행사
飾る	카자루	장식하다, 꾸미다
料理	료-리	요리
ぞうに	조-니	떡국
親戚	신세키	친척
遊ぶ	아소부	놀다
七夕	다나바타	칠석
短冊	탄쟈쿠	세로 36cm, 가로 6cm의 크기로 글씨를 쓰기 위한 종이
願い	네가이	소원
笹たけ	사사타케	대나무 가지

보충단어

[취미·스포츠]

興味 （きょうみ）	쿄-미	흥미
趣味 （しゅみ）	슈미	취미
スポーツ	스포-쯔	스포츠
野球 （やきゅう）	야큐-	야구
サッカー	삭까-	축구
ゴルフ	고루후	골프
バスケットボール	바스켓또보-루	농구
バレーボール	바레-보-루	배구
水泳 （すいえい）	스이에-	수영
テニス	테니스	테니스
卓球/ピンポン （たっきゅう）	탁큐-/핌퐁	탁구
ジャズ	쟈즈	재즈
ダンス	단스	댄스
書道 （しょどう）	쇼도-	서예
茶道 （さどう）	사도-	다도
映画 （えいが）	에-가	영화
写真 （しゃしん）	샤싱	사진
絵 （え）	에	그림
美術品 （びじゅつひん）	비쥬쯔힌	미술품
旅行 （りょこう）	료코-	여행
登山 （とざん）	토잔	등산

相撲 스모

　일본에서 프로야구와 더불어 가장 인기있는 스포츠가 바로 스모입니다. 스모는 거구의 씨름꾼(力士)이 모래판에서 치루는 경기로, 언뜻 보면 우리나라의 씨름과 비슷하지만 조금 다릅니다. 씨름이 샅바를 잡고 다리를 걸어서 넘어뜨리는 것이라면, 스모는 일정거리를 두고 있다가 시합이 시작되면 손을 이용하여 넘어뜨리거나 모래판 밖으로 밀어내는 경기입니다. 단판승부이기 때문에 신중을 기해서 시합을 진행합니다.

　경기는 1년에 6차례에 걸쳐 열리며, 최고의 승자는 요코즈나(橫綱)라는 영예로운 타이틀을 거머쥐게 됩니다. 특이한 것은 보통의 운동경기와 달리 체급이 따로 정해져 있지 않아 그 기술만큼이나 체구도 승부에 영향을 미친다고 할 수 있습니다. 그러나 다양한 기술로서 승패를 가리기보다는 몸집으로 밀어치는 데 편중된 경기를 보는 것에 식상한 일본인들의 불만도 커져 가고 있습니다.

제 8 장

초대 · 방문

기본표현

A : 集まりは　いつですか。
아쯔마리와 이쯔데스까

B : 午前　7時です。
고젠 시찌지데스

A : 모임은 언제예요?
B : 오전 7시입니다.

표현늘리기

■ 몇 시에 만날까요?
何時に　お会い　しましょうか。
난지니 오아이 시마쇼-까

■ 약속은 언제였습니까?
約束は　いつだったんですか。
약소꾸와 이쯔닷딴데스까

■ 7시는 어떠세요?
7時は　いかがですか。
시찌지와 이카가데스까

■ 시간에 댈 수 있을 겁니다.
時間に　間に合います。
지캉니 마니아이마스

156

■ 아슬아슬하게 댈 수 있을 겁니다.

ぎりぎり 間に合います。

기리기리 마니아이마스

■ 곧 가겠습니다.

すぐ 行きます。

스구 이키마스

■ 늦지 말아주세요.

遅れないで ください。

오쿠레나이데 쿠다사이

■ 지금 찾아뵈어도 될까요?

これから うかがっても よろしいですか。

고레까라 우카갓떼모 요로시-데스까

■ 늦어서 죄송합니다.

遅く なって すみません。

오소쿠 낫떼 스미마셍

■ 언제 찾아뵈면 좋을까요?

いつ お伺いしたら いいですか。

이쯔 오우카가이시따라 이-데스까

Tip

일본에서는 약속을 하지 않고 타인의 집을 방문하는 일은 대단히 실례되는 행동입니다. 친한 친구라 하더라도 갑작스레 방문을 하는 것은 피해야 합니다.

A : ごめん ください。
고멘 쿠다사이

B : あ、青山さん。 いらっしゃい。
아 아오야마상 이랏샤이

A : 실례합니다.
B : 아, 아오야마 씨. 어서 오세요.

표현늘리기

■ 실례합니다.

おじゃまします。
오쟈마시마스

■ 여기가 다나카 씨 댁입니까?

ここが 田中さんの お宅でしょうか。
고꼬가 다나카산노 오타쿠데쇼-까

■ 다나카 씨는 지금 댁에 계십니까?

田中さんは ご在宅ですか。
다나카상와 고자이타꾸데스까

■ 야마다 씨는 계십니까?

山田さんは いらっしゃいますか。
야마다상와 이랏샤이마스까

158

■ 누구십니까?

どちらさまですか。
도치라사마데스까

■ 기다렸습니다.

お待ちして いました。
오마치시테 이마시따

■ 잘 오셨습니다.

よく いらっしゃいました。
요쿠 이랏샤이마시따

■ 잘 오셨습니다.

ようこそ おいで くださいました。
요-코소 오이데 쿠다사이마시타

■ 이쪽으로 오십시오.

こちらへ どうぞ。
고치라에 도-죠

■ 방해되는 건 아닌지요?

お邪魔では ないでしょうか。
오쟈마데와 나이데쇼-까

Tip

일본에서는 다른 사람의 집에 방문했을 때 들어서면서 거의 관용적으로 「ごめん ください」라고 합니다. 직역하면 「미안합니다」의 뜻이지만 상황에 비추어 한국말로 하자면 「계십니까/아무도 안 계세요?」가 됩니다. 「ごめん ください」와 같은 말로는 「失礼(しつれい)します」가 있습니다.

기본표현

A : どうぞ お上がり ください。
도-죠 오아가리 쿠다사이

B : はい。では、失礼します。
하이 데와 시쯔레-시마스

A : 어서 들어오세요.
B : 네. 그럼, 실례하겠습니다.

표현늘리기

■ 자, 들어오십시오.

どうぞ お入り ください。
도-죠 오하이리 쿠다사이

■ 이리 오세요.

こちらへ どうぞ。
고치라에 도-죠

■ 이리 앉으세요.

こちらへ おかけ ください。
고치라에 오카케 쿠다사이

■ 편히 계세요.

くつろいで ください。
쿠쯔로이데 쿠다사이

■ 편히 앉으세요.

どうぞ お楽^{らく}に して ください。
도-죠 오라꾸니 시떼 쿠다사이

■ 어서 앉으세요.

どうぞ おかけ ください。
도-죠 오카케 쿠다사이

■ 편히 있으세요.

お楽^{らく}に なさって ください。
오라꾸니 나삿떼 쿠다사이

■ 어서 오세요, 기다리고 있었습니다.

いらっしゃいませ、お待^まちして おりました。
이랏샤이마세 오마치시떼 오리마시따

■ 오랜만입니다. (오래 격조하였습니다.)

ごぶさたして おります。
고부사타시떼 오리마스

■ 건강해 보이네요.

元気^{げん き}そうですね。
겡끼소-데스네

Tip

일본어로 「들어오세요」는 「お上(あ)がり ください」입니다. 여기서 「上가る」는 「오르다」라는 뜻으로, 옛 일본가옥의 구조가 현관보다 실내가 솟아 있어서 「올라오세요」라고 하던 것이 오늘에 이르러서 「어서 들어오세요」라는 의미로 쓰이게 된 것입니다.

기본표현

A : 遅れて すみません。
오쿠레떼 스미마셍

B : あら、伊藤さん。来て くれて うれしいわ。
아라 이토-상 키떼 쿠레떼 우레시-와

A : 늦어서 죄송합니다.
B : 어머, 이토 씨. 와줘서 기뻐요.

표현늘리기

■ 일찍 가서 도와드릴까요?
早く 行って 手伝いましょうか。
하야꾸 잇떼 테쯔다이마쇼-까

■ 불러 주셔서 감사합니다.
さそって くれて うれしいです。
사솟떼 쿠레떼 우레시-데스

■ 이거 받으세요. (선물을 내밀며)
これを どうぞ。
고레오 도-죠

■ 별거 아닙니다만, 받으세요.
つまらないものですが、どうぞ。
쯔마라나이모노데스가 도-죠

■ 고장의 명산품입니다만, 입맛에 맞으실지 어떨지…….

当地の 名産なのですが、お口に 合いますか どうか……。

토-치노 메-산나노데스가 오쿠치니 아이마스까 도-까

■ 약소하지만 드세요.

心ばかりの ものですが、どうぞ お召し上がりください。

고코로바카리노 모노데스가 도-죠 오메시아가리구다사이

■ 초대해 주셔서 감사합니다.

お招きいただいて ありがとうございます。

오마네키이타다이떼 아리가토-고자이마스

■ 감사히 받겠습니다.

ありがたく ちょうだいいたします。

아리가타쿠 쵸-다이이따시마스

■ 바쁘신 가운데 시간 내주셔서 감사합니다.

お忙しいところ お時間を いただき ありがとうございます。

오이소가시-토꼬로 오지캉오 이타다끼 아리가토-고자이마스

Tip

남의 집에 초대받아 방문을 하게 되면 소박하나마 기념이 될 만한 선물을 준비하는 것이 좋습니다. 그 지방의 토산품이 가장 좋겠지만 그렇지 않을 경우 고급과자를 선물하는 것을 자주 볼 수 있습니다.

지금 차를 타니까요.

A : 今　お茶を　入れますから。
이마 오챠오 이레마스까라

B : どうぞ、おかまいなく。
도-조 오카마이나꾸

A : 지금 차를 타니까요.
B : 네, 알아서 해주세요.

표현늘리기

■ 코트 주세요 (맡아둘게요).

コートを　あずかりましょう。
코-또오 아즈카리마쇼-

■ 음료수라도 드시겠어요?

何か　お飲み物　いかがですか。
나니까 오노미모노 이카가데스까

■ 커피와 녹차 중 어느 걸로 하시겠습니까?

コーヒーと　お茶、どちらに　なさいますか。
코-히-또 오챠 도치라니 나사이마스까

■ 커피 드시겠습니까?

コーヒーは　いかがですか。
코-히-와 이카가데스까

■ 네, 마시겠습니다.

ええ、いただきます。
에- 이타다끼마스

■ 한잔이면 됩니다.

一杯で 充分です。
입빠이데 쥬-분데스

■ 저는 블랙이 좋습니다.

私は ブラックの ほうが 好きです。
와따시와 브락꾸노 호-가 스키데스

■ 죄송합니다 (감사합니다).

おそれいります。
오소레이리마스

■ 잘 먹겠습니다.

ちょうだいいたします。
쵸-다이이따시마스

■ 잘 먹겠습니다.

いただきます。
이타다끼마스

Tip

남의 집을 방문할 때는 겉옷을 현관 밖에서 벗고 들어가야 합니다. 또, 들어가서 신발을 벗을 때에는 신발 앞쪽이 현관 바깥쪽으로 향하도록 돌려놓는 것이 예의입니다.

A : どうぞ。
도-죠

B : はい、いただきます。
하이 이타다끼마스

A : 어서 드세요.
B : 네, 잘 먹겠습니다.

표현늘리기

■ 좋아하는 것을 고르세요.

好きなのを えらんで ください。
스키나노오 에란데 쿠다사이

■ 어느 것이 좋을까요?

どれが いいですか。
도레가 이-데스까

■ 당신에게는 이것이 좋을 것 같군요.

あなたには これが よさそうです。
아나따니와 고레가 요사소-데스

■ 이것은 그다지 맵지 않을 것 같네요.

これは あまり 辛く なさそうですね。
고레와 아마리 카라꾸 나사소-데스네

■ 마음껏 드십시오.

どうぞ 召し上がって ください。

도-죠 메시아갓떼 쿠다사이

■ 자, 드세요.

どうぞ お取り ください。

도-죠 오토리 쿠다사이

■ 원하시는 음식을 마음대로 드십시오.

お好きなものを どんどん 召し上がって ください。

오스키나모노오 돈돈 메시아갓떼 쿠다사이

■ 천천히 많이 드십시오.

ゆっくり たくさん 召し上がって ください。

육꾸리 닥상 메시아갓떼 쿠다사이

■ 맛있겠네요.

おいしそうですね。

오이시소-데스네

■ 이것을 먹겠습니다.

これを いただきます。

고레오 이타다끼마스

Tip

상대방에게 식사를 권유할 때 쓰이는 말로 「冷(さ)めない うちに 召し上がって ください(식기 전에 드세요)」라는 표현도 좋습니다.

기본표현

A : ご飯の お代わり いかがですか。
고한노 오카와리 이카가데스까

B : けっこうです。お腹 いっぱいです。
겟꼬-데스 오나카 입빠이데스

A : 밥 더 드실래요?
B : 괜찮습니다. 배가 불러요.

표현늘리기

■ 입에 맞으세요?
お口に 合いますか。
오쿠치니 아이마스까

■ 입맛에 맞으셨나요?
お口に 合いましたでしょうか。
오쿠치니 아이마시타데쇼-까

■ 맛은 어때요?
味は どうですか。
아지와 도-데스까

■ 아주 맛있네요.
とても おいしいですね。
도떼모 오이시-데스네

168

■ 대단히 맛있습니다.

すごく いい 味です。
스고꾸 이- 아지데스

■ 독특한 맛이군요.

どくとくな 味ですね。
독토쿠나 아지데스네

■ 조금 더 드실래요?

もう 少し いかがですか。
모- 스코시 이카가데스까

■ 잘 먹었습니다.

ごちそうさまでした。
고치소-사마데시타

■ 이제 됐습니다. 고맙습니다.

もう けっこうです。 ありがとうございます。
모- 겟꼬-데스 아리가또-고자이마스

■ 맛있었습니다.

おいしかったです。
오이시캇따데스

Tip
「お代わり」는 식사 중에 음식을 더 권유할 때 쓰는 말로 「いかがですか」
와 함께 쓰여 「더 드실래요?」 할 때 쓰는 표현입니다.

A : それでは、そろそろ 失礼します。
소레데와 소로소로 시쯔레-시마스

B : また 遊びに 来て ください。
마따 아소비니 키떼 쿠다사이

A : 그럼 이만 슬슬 가보겠습니다.
B : 또 놀러 오세요.

표현늘리기

■ 정성스럽게 베풀어 주셔서 감사합니다.

温かい おもてなし ありがとうございました。
아타타까이 오모테나시 아리가또-고자이마시타

■ 늦게까지 실례했습니다.

おそくまで 失礼いたしました。
오소꾸마데 시쯔레-이타시마시따

■ 그럼 이만 실례하겠습니다.

では、これで 失礼いたします。
데와 고레데 시쯔레-이타시마스

■ 벌써 가시게요?

もう いかれるんですか。
모- 이카레룬데스까

■ 좀더 계시다 가세요.

もう ちょっと いいじゃないですか。
모- 춋또 이-쟈나이데스까

■ 좀더 천천히 계시다 가세요.

もう 少し ゆっくり なさって ください。
모- 스꼬시 윢꾸리 나삿떼 쿠다사이

■ 또 만나뵙기를 기대하겠습니다.

また お会いしたいですね。
마따 오아이시타이데스네

■ 역까지 모셔다 드리겠습니다.

駅まで お送りいたします。
에끼마데 오-쿠리이따시마스

■ 한가할 때 언제든지 오세요.

お暇な時に いつでも 来て ください。
오히마나토끼니 이쯔데모 키떼 쿠다사이

■ 또 오세요.

また 来て くださいね。
마따 키떼 쿠다사이네

どうぞの 다양한 의미
どうぞ。 ① 들어오세요.(현관에서 손님을 맞이할 때)
         ② 드세요.(손님에게 음료나 음식을 권할 때)
         ③ 앉으세요.(자리를 권할 때)

기본단어

集(あつ)まり	아쯔마리	모임, 집합
無(む)理(り)	무리	무리
ぎりぎり	기리기리	시간에 여유가 없음, 빠듯함
伺(うかが)う	우카가우	'방문하다'의 겸사말, 찾아뵙다
よろしい	요로시-	좋다, 괜찮다
じゃま	쟈마	방해, 훼방
お宅(たく)	오타쿠	댁
在(ざい)宅(たく)	자이타쿠	재가, 자기 집에 있음
いらっしゃる	이랏샤루	～하고 계시다
待(ま)つ	마쯔	기다리다
ようこそ	요-코소	상대의 방문을 환영할 때 쓰는 말
上(あ)がる	아가루	오르다, (방에) 들어가다, 들어오다
くつろぐ	쿠쯔로구	자세, 복장 등을 편안하게 하다
かける	카케루	걸터앉다
ゆっくり	육꾸리	천천히, 느긋하게
ごぶさた	고부사타	격조, 무소식
手(て)伝(つだ)い	테쯔다이	도와줌, 심부름
誘(さそ)う	사소우	권유하다, 권하다
うれしい	우레시-	기쁘다, 고맙다, 감사하다
コート	코-또	코트
預(あず)かる	아즈카루	맡다, 보관하다
つまらない	쯔마라나이	시시하다, 하찮다, 보잘것 없다

当地 (とうち)	토-치	고장
名産 (めいさん)	메-산	명산품
口に合う (くちにあう)	구찌니아우	입맛에 맞다
心ばかり (こころばかり)	고꼬로바카리	마음뿐임, 선물을 할 때의 겸사말
召し上がる (めしあがる)	메시아가루	(음식을) 드시다, 잡수시다
招く (まねく)	마네쿠	초대하다
ちょうだい	쵸-다이	'받음, 얻음'의 겸사말
忙しい (いそがしい)	이소가시-	바쁘다
飲み物 (のみもの)	노미모노	음료, 마실 것
一杯 (いっぱい)	입빠이	한잔, 가득하다, 가득
充分 (じゅうぶん)	쥬-분	충분
いただく	이타다꾸	얻다, 마시다, 먹다, 들다
なさる	나사루	하시다
おかまい	오카마이	접대, 대접, 걱정함
取る (とる)	토루	집다, 들다, 쥐다, 잡다
遠慮 (えんりょ)	엔료	조심함, 삼감, 사양함
たくさん	닥상	많음
味 (あじ)	아지	맛
おいしい	오이시-	맛있다
どくとく	독토쿠	독특함
もう	모-	이미, 벌써, 이제
夕食 (ゆうしょく)	유-쇼꾸	저녁
ごちそう	고치소-	맛있는 음식, 호화로운 식사
もてなし	모테나시	대접, 대우

エチケット 에티켓

식사할 때의 예절을 알아볼까요?

음식을 먹을 때에는 왼손으로 그릇을 받쳐 들고 입에 가까이 대고 먹습니다. 우리나라에서는 이런 모습을 보면 '경박스럽다.'고 생각하지만 일본인들은 오히려 밥상 위에 그릇을 올려놓은 채로 고개를 숙여 음식을 먹으면 '개가 먹는 모습과 같다.' 고 생각합니다.

일본인들은 음식을 같이 먹는 것에 대해서 상당히 민감한 편입니다. 여럿이서 같이 먹을 때에는 먹던 젓가락으로 음식을 집지 않도록 주의해야 합니다. 개인용 접시에다가 젓가락 반대편으로 덜어서 먹거나 그렇지 않으면 덜어 먹는 젓가락이 따로 놓여 있습니다.

그리고 젓가락에서 젓가락으로 음식을 주고받는 것은 삼가야 합니다. 일본에서는 유골을 화장해서 추릴 때 두 사람이 젓가락으로 같이 집기 때문입니다.

또한, 카레라이스 같은 것도 한꺼번에 비벼먹지 않습니다. 아름답게 차려진 모양을 흐트러뜨리지 않고 먹는 것이 일본인들이 음식을 즐기는 방법입니다.

제9장

회사생활

1. 댁의 회사에서는 어떤 일을 합니까?
2. 사원은 몇 명인가요?
3. 점심은 밖에서 먹습니까?
4. 입사한 지 10년째입니다.
5. 야마다 부장님 계십니까?
6. 휴가에 뭘 하실 생각입니까?
7. 잔업이 많습니까?

기본표현

A : お宅の 会社では どんな 業務を して
いますか。
오타쿠노 가이샤데와 돈나 교-무오 시떼 이마스까

B : アメリカ向けの 半導体製品を 開発して
います。
아메리카무케노 한도-타이세-힝오 카이하쯔시떼 이마스

A : 댁의 회사에서는 어떤 일을 합니까?
B : 미국상대의 반도체 제품 개발을 합니다.

표현늘리기

■ 스즈키 씨의 일은 어떤 일입니까?

鈴木さんの 仕事は どんな ことですか。
스즈키산노 시고또와 돈나 코또데스까

■ 오노 씨는 어떤 일을 담당하고 있습니까?

大野さんは どんな 仕事を 担当して いますか。
오-노상와 돈나 시고또오 탄토-시테 이마스까

■ 어떤 종류의 물건을 취급합니까?

どんな 種類の 物を 扱って いますか。
돈나 슈루이노 모노오 아쯔캇떼 이마스까

■ 미국과의 공동 경영 회사입니다.

アメリカとの 合弁会社です。

아메리카토노 고-벵가이샤데스

■ 기술제휴를 맺고 있습니다.

技術提携を 結んで います。

기쥬쯔테-케-오 부쓴데 이마스

■ 판매전문 회사입니다.

販売専門の 会社です。

함바이셈몬노 카이샤데스

■ 해외의 상사와 무역을 하고 있습니다.

海外の 商社との 貿易を しています。

카이가이노 쇼-샤토노 보-에끼오 시떼이마스

■ 제품을 수출하는 일입니다.

製品を 輸出する 仕事です。

세-힝오 유슈쯔스루 시고또데스

■ 귀사의 규모는 얼마나 됩니까?

貴社の 規模は どのくらいですか。

키샤노 키보와 도노쿠라이데스까

Tip

「~向(む)けの」는 「~상대의」라는 말로 「~에게 적합한, ~에게 알맞은」의 뜻을 가지고 있습니다. 「어린이용 장난감」이라는 말은 「子供向(こどもむ)けの おもちゃ」라고 합니다.

A : 社員は　何人ですか。
샤인와　난닌데스까

B : 全部で　４０人です。
젬부데 요쥬-닌데스

A : 사원은 몇 명입니까?
B : 전부 40명입니다.

표현늘리기

■ 회사는 언제 생겼습니까?
会社は　何年に　できましたか。
카이샤와　난넨니 데키마시타까

■ 생긴 지 얼마 안 되었습니다.
できたばかりです。
데키따바카리데스

■ 지사도 있습니까?
支社も　ありますか。
시샤도 아리마스까

■ 거래처는 몇 군데 정도 있습니까?
取引先は　いくつぐらい　ありますか。
토리히키사키와 이쿠쯔그라이 아리마스까

178

■ 한국에서 오시는 손님은 많습니까?
韓国からの　お客さんは　多いんですか。
캉코쿠까라노 오갸꾸상와 오오인데스까

■ 부서는 몇 개입니까?
部署は　いくつ　ありますか。
부쇼와 이쿠쯔 아리마스까

■ 영업부, 기획부, 관리부, 총무부의 4개입니다.
営業部、企画部、管理部、総務部の　四つです。
에-교-부 기카꾸부 칸리부 소-무부노 욧쯔데스

■ 귀사는 언제 창립되었습니까?
貴社は　いつ　創立されたんですか。
키샤와 이쯔 소-리쯔사레탄데스까

■ 1980년에 세워졌습니다.
１９８０年に　建てられました。
센큐-햐꾸하치쥬-넨니 타테라레마시따

Tip

「～た ばかり」는 「지금 막 ～한 참이다」라는 말로서, 어떤 동작이나 행위가 지금 막 완료되었거나 또는 심리적으로 완료된 지 얼마 되지 않았음을 나타냅니다.

기본표현

A : お昼は 外で 食べるんですか。
오히루와 소토데 타베룬데스까

B : いいえ、社員食堂で 食べます。
이-에 샤인쇼꾸도-데 타베마스

A : 점심은 밖에서 먹습니까?
B : 아니요, 구내식당에서 먹습니다.

표현늘리기

■ 회사 근처에 맛있는 가게가 있습니까?
会社の 周りに おいしい 店は ありますか。
카이샤노 마와리니 오이시- 미세와 아리마스까

■ 이 빌딩 안에 구내식당은 없습니까?
この ビルの 中に 社員食堂は ありませんか。
고노 비루노 나카니 샤인쇼꾸도-와 아리마셍까

■ 퇴근하면 무엇을 합니까?
退社してから 何を しますか。
타이샤시테까라 나니오 시마스까

■ 노래방에서 노래를 합니다.
カラオケボックスで 歌います。
가라오케복꾸스데 우타이마스

■ 김씨의 회사는 야근이 많습니까?

金さんの 会社では 残業が 多いですか。
김산노 카이샤데와 장교-가 오-이데스까

■ 우리 회사는 한달에 1번씩 회식을 합니다.

うちの 会社は 毎月1回 食事会を します。
우찌노 카이샤와 마이쯔키잇카이 쇼꾸지카이오 시마스

■ 야근이 없을 때는 무엇을 합니까?

残業のない 時は 何を しますか。
장교노나이 토끼와 나니오 시마스까

■ 일이 끝난 후에는 항상 스포츠센터에 가서 운동을 합니다.

仕事の 後は いつも ジムに 行って 運動を します。
시고토노 아또와 이쯔모 지무니 잇떼 운도-오 시마스

■ 한가한 시간을 이용해 취미활동을 하고 있습니다.

ひまな 時間を 利用して 趣味活動を して います。
히마나 지캉오 리요-시떼 슈미카쯔도-오 시떼 이마스

■ 퇴근시간은 정해져 있습니까?

退勤時間は 決まって いますか。
타이킹지캉와 키맛떼 이마스까

Tip

「～んですか」는「～のですか」의 회화체입니다. 여기서 の는 상대방에게 질문을 하면서 설명을 요구하는 뉘앙스를 갖고 있습니다.

Part 04

입사한 지 10년째입니다.

기본표현

A : わたしは 入社して 10年目です。
와따시와 뉴-샤시떼 쥬-넴메데스

B : すごいですね。
스고이데스네

A : 저는 입사한 지 10년째입니다.
B : 대단하군요.

표현늘리기

■ 입사한 지 몇 년 되었습니까?
入社して 何年ですか。
뉴-샤시떼 난넨데스까

■ 언제 입사하셨나요?
いつ 入社しましたか。
이쯔 뉴-샤시마시타까

■ 회사에 들어온 지 오래 되셨습니까?
会社に 入って もう 長いですか。
카이샤니 하잇떼 모- 나가이데스까

■ 출장은 자주 있습니까?
出張は よく ありますか。
슛쵸-와 요꾸 아리마스까

■ 유급 휴가는 있습니까?

有給休暇は ありますか。

유-큐-큐-카와 아리마스까

■ 일은 맘에 드세요?

仕事は 気に 入って いますか。

시고또와 키니 잇떼 이마스까

■ 우리 부장님은 입사한 지 15년이나 됐습니다.

うちの 部長は 入社して １５年も なりました。

우찌노 부쵸-와 뉴-샤시떼 쥬-고넴모 나리마시타

■ 퇴근 후에는 곧바로 집으로 갑니다.

退社後は すぐ 家に 帰ります。

타이샤고와 스구 이에니 카에리마스

■ 휴가는 얼마나 줍니까?

休暇は どれくらい 取れるんですか。

큐-카와 도레쿠라이 토레룬데스까

■ 보너스는 어느 정도 받습니까?

ボーナスは いくらぐらい もらえますか。

보-나스와 이쿠라구라이 모라에마스까

Tip

일본인들은 퇴근이라는 말로 「退勤(たいきん)」 외에 「退社(たいしゃ)」도 즐겨 씁니다. 또 「帰(かえ)る」를 써서 「もう 帰(かえ)りました(벌써 퇴근했습니다)」라고 하기도 합니다.

A : <ruby>山田<rt>やまだ</rt></ruby><ruby>部長<rt>ぶちょう</rt></ruby>は　いらっしゃいますか。
야마다부쵸-와 이랏샤이마스까

B : ただいま　<ruby>会議中<rt>かいぎちゅう</rt></ruby>ですが。
타다이마 카이기쮸-데스가

A : 야마다 부장님 계십니까?
B : 지금 회의중입니다만.

표현늘리기

■ 죄송합니다, 마침 안 계십니다.

すみません、ただいま　おりません。
스미마셍 타다이마 오리마셍

■ 그럼, 이 서류를 전해 주시길 부탁드립니다.

では、この　<ruby>書類<rt>しょるい</rt></ruby>を　お<ruby>渡<rt>わた</rt></ruby>し　<ruby>願<rt>ねが</rt></ruby>います。
데와 고노 쇼루이오 오와타시 네가이마스

■ 오늘은 몸 상태가 안 좋아서 나오지 않으셨습니다만.

<ruby>今日<rt>きょう</rt></ruby>は　<ruby>体<rt>からだ</rt></ruby>の　<ruby>具合<rt>ぐあい</rt></ruby>が　<ruby>悪<rt>わる</rt></ruby>くて　<ruby>休<rt>やす</rt></ruby>んで　いますが。
쿄-와 카라다노 구아이가 와루쿠떼 야슨데 이마스가

■ 오노 씨는 그만두셨습니다만.

<ruby>大野<rt>おおの</rt></ruby>さんは　<ruby>辞<rt>や</rt></ruby>めましたが。
오-노상와 야메마시타가

■ 다나카 씨는 전근가셨습니다만.

田中さんは 転勤に なりましたが。

다나카상와 텡킨니 나리마시타가

■ 회의가 길어질 것 같습니다만.

会議が 長引きそうですが。

카이기가 나가비키소-데스가

■ 마침 외출중입니다만.

あいにく 外出中ですが。

아이니꾸 가이슈쯔츄-데스가

■ 얼마나 기다려야 합니까?

どれくらい 待たなければ なりませんか。

도레쿠라이 마타나케레바 나리마셍까

■ 저녁 5시 무렵에는 돌아올 예정입니다.

夕方 5時ごろには もどる 予定で ございます。

유-가타 고지고로니와 모도루 요테-데 고자이마스

■ 10분 정도면 끝날 겁니다.

１０分ぐらいで 終わります。

줍뿡구라이데 오와리마스

Tip

찾는 사람이 없을 경우 한국식대로 일본어로 옮겨서 「～は いらっしゃいません(～는 안 계십니다)」이라고 하면 어색한 표현이 됩니다. 이럴 때는 반드시 「～は おりません」이라는 겸양의 표현을 써야 합니다.

A : 休みは どう する つもりですか。
야스미와 도- 스루 쯔모리데스까

B : 旅行に 行こうと 思います。
료코-니 이코-또 오모이마스

A : 휴가에 뭘 하실 생각입니까?
B : 여행을 가려고 합니다.

표현늘리기

■ 제 휴가가 며칠이나 남았습니까?

わたしの 休暇は 何日 残っていますか。
와따시노 큐-카와 난니찌 노콧떼이마스까

■ 이번 휴가는 어떻게 하실 겁니까?

今度の 休みは どうしますか。
콘도노 야스미와 도-시마스까

■ 휴가 일정은 정해졌습니까?

休みの 日程は 決まりましたか。
야스미노 닛떼-와 키마리마시타까

■ 휴가는 얼마나 되나요?

休暇は どれくらいですか。
큐-카와 도레쿠라이데스까

■ 일주일간의 휴가를 낼 수 있습니다.

一週間の 休みが とれます。

잇슈-칸노 야스미가 토레마스

■ 언제나 일이 바빠서 좀처럼 쉴 수 없습니다.

いつも 仕事が 忙しくて なかなか 休めません。

이쯔모 시고또가 이소가시쿠떼 나카나카 야스메마셍

■ 집에서 푹 쉴 생각입니다.

家で ゆっくり 休む つもりです。

이에데 육꾸리 야스무 쯔모리데스

■ 퇴직하면 정부에서 연금을 받을 수 있습니다.

退職したら 政府から 年金が もらえます。

타이쇼쿠시따라 세-후까라 넹킹가 모라에마스

■ 오늘밤 늦게까지 일을 해야 합니다.

今晩 遅くまで 仕事を しなくては ならないです。

콤방 오소꾸마데 시고또오 시나쿠떼와 나라나이데스

Tip

「~する つもりだ」는 「~할 생각이다」라는 뜻으로 예정, 작정, 계획을 나타내는 말입니다. 「생각」이라는 말에는 「考(かんが)え」와 「つもり」 두 가지가 있는데 체계적인 계획을 뜻하는 말은 「つもり」입니다.

기본표현

A : 残業が 多いですか。
장교-가 오-이데스까

B : ええ、でも やりがいが あります。
에- 데모 야리가이가 아리마스

A : 잔업이 많습니까?
B : 네, 그래도 보람이 있습니다.

표현늘리기

■ 하고 싶은 일을 하는 편이 좋습니다.

やりたい ことを やった ほうが いいです。
야리타이 코또오 얏따 호-가 이-데스

■ 자신의 적성을 살리는 편이 좋습니다.

自分の 適性を 生かした ほうが いいです。
지분노 테키세-오 이카시따 호-가 이-데스

■ 회사 정년은 60세입니다.

会社の 定年は ６０才です。
카이샤노 테-넨와 로꾸줏사이데스

■ 파트타임이라도 일은 계속하고 싶습니다.

パートでも 仕事は 続けたいです。
파-토데모 시고또와 쯔즈케따이데스

188

■ 퇴근이 늦어질 것 같습니다만.

帰りが 遅くなりそうですが。

카에리가 오소꾸나리소-데스가

■ 일이 많아서 매일 바쁩니다.

仕事が 多くて 毎日 忙しいです。

시고또가 오-쿠떼 마이니찌 이소가시-데스

■ 일본인은 일벌레가 많지요?

日本人は ワーカーホリックが 多いでしょう。

니혼진와 와-카-호릭꾸가 오-이데쇼-

■ 일주일에 두 번 정도 야근을 합니다.

一週間に 2回は 残業です。

잇슈-칸니 니카이와 장교-데스

■ 우리 회사는 5일제 근무입니다.

うちの 会社は 週休二日制です。

우치노 카이샤와 슈-큐-후쯔카세-데스

■ 그럼, 먼저 실례하겠습니다.

では、お先に 失礼します。

데와 오사키니 시쯔레-시마스

Tip

「かい」는 「(어떤 것에 대한) 보람」을 말합니다. 「生(い)きがい」는 「사는 보람」, 「やりがい」는 「(하는) 보람」이라는 뜻입니다.

기본단어

ぎょうむ 業務	교-무	업무
たんとう 担当	단토-	담당
しゅるい 種類	슈루이	종류
もの 物	모노	물건, 물품
ごうべん 合弁	고-벵	합판, 외국 자본과의 공동 경영
あつか 扱う	아쯔키우	취급하다, 담당하다, 처리하다
ぎじゅつ 技術	기쥬쯔	기술
ていけい 提携	테-케-	제휴
むす 結ぶ	무쓰부	관계를 맺다, 매다, 묶다
はんばい 販売	함바이	판매
せんもん 専門	셈몬	전문
かいはつ 開発	카이하쯔	개발
かいがい 海外	카이가이	해외
しょうしゃ 商社	쇼-샤	상사
ぼうえき 貿易	보-에끼	무역
せいひん 製品	세-힝	제품
ゆしゅつ 輸出	유슈쯔	수출
ゆにゅう 輸入	유뉴-	수입
きしゃ 貴社	키샤	귀사
きぼ 規模	키보	규모
ししゃ 支社	시샤	지사
とりひきさき 取引先	토리히키사키	거래처

創立 (そうりつ)	소-리쯔	창립
ビル	비루	빌딩
社員 (しゃいん)	샤인	사원
食堂 (しょくどう)	쇼꾸도-	식당
周り (まわ)	마와리	근처, 주위, 부근
入社 (にゅうしゃ)	뉴-샤	입사
退社 (たいしゃ)	타이샤	퇴근, 퇴사
退勤 (たいきん)	타이킹	퇴근
残業 (ざんぎょう)	장교-	잔업, 야근
毎月 (まいつき)	마이츠끼	매월
食事会 (しょくじかい)	쇼꾸지카이	식사, 회식
運動 (うんどう)	운도-	운동
昼寝 (ひるね)	히루네	낮잠
長い (なが)	나가이	오래되다, 길다
出張 (しゅっちょう)	슛쵸-	출장
休暇 (きゅうか)	큐-카	휴가
有給休暇 (ゆうきゅうきゅうか)	유-큐-큐-카	유급 휴가
給料 (きゅうりょう)	큐-료-	급여, 임금
ボーナス	보-나스	보너스, 상여금
ただいま	타다이마	지금, 현재
書類 (しょるい)	쇼루이	서류, 문서
渡す (わた)	와타스	건네다, 넘기다
取れる (と)	토레루	잡을 수 있다, 취할 수 있다
忙しい (いそが)	이소가시-	바쁘다

代^かわり	카와리	대신, 대체

실제로는 표로 정리.

代わり (か)	카와리	대신, 대체
勤める (つと)	쯔토메루	근무하다
適性 (てきせい)	테키세-	적성
生かす (い)	이카스	살리다, 활용하다
人並み (ひとな)	히토나미	보통 사람과 같은 정도임
具合 (ぐあい)	구아이	상태
悪い (わる)	와루이	나쁘다, 좋지 않다
休む (やす)	야스무	휴식하다, 쉬다, 결근(결석)하다
辞める (や)	야메루	사직하다, 사임하다, 그만두다
転勤 (てんきん)	텡킨	전근
変更 (へんこう)	헹코-	변경
退職 (たいしょく)	타이쇼꾸	퇴직
政府 (せいふ)	세-후	정부
年金 (ねんきん)	넹킹	연금
長引く (ながび)	나가비쿠	오래 걸리다, 지연되다, 길어지다
残る (のこ)	노코루	남다
日程 (にってい)	닛떼-	일정
定年 (ていねん)	테-넨	정년
続ける (つづ)	쯔즈케루	계속하다, 잇다, 연결하다
ワーカーホリック	와-카-호릭꾸	일중독, 워커홀릭
週休 (しゅうきゅう)	슈-큐-	주휴
週休二日制 (しゅうきゅうふつかせい)	슈-큐-후쯔카세-	5일제 근무, 주휴 2일제

보충단어

[직위]

社長	샤쵸-	사장
部長	부쵸-	부장
課長	카쵸-	과장
係長	카카리쵸-	계장
職員	쇼꾸인	직원
経理	케-리	경리
上司	죠-시	상사
部下	부카	부하
役員	야꾸잉	임원
重役	쥬-야꾸	중역, 이사

[부서]

部署	부쇼	부서
営業部	에-교-부	영업부
企画部	기카쿠부	기획부
管理部	칸리부	관리부
総務部	소-무부	총무부
編集部	헨슈-부	편집부

温泉 온천

<ruby>温泉<rt>おんせん</rt></ruby>

　일본의 온천 관광여행은 세계적으로 유명합니다. 온천에 머물면서 식사도 즐기고 여유롭게 목욕을 즐기는 것은 잊지 못할 경험이 될 것입니다.

　일본의 여관은 대개 온천시설이 갖추어져 있으며 우리나라와 달리 고급스럽고 전통적인 이미지입니다. 방은 다다미가 깔린 일본식 방으로, 방 한가운데에 테이블과 일본식 등받이 의자가 있고 테이블에는 차를 마실 수 있는 뜨거운 물이 항상 놓여 있습니다. 저녁식사는 일본식으로 양도 많고 상차림도 고급스럽습니다. 저녁식사 준비와 잠자리 준비는 여관에서 알아서 마련해 줍니다. 온천에서는 방마다 준비된 유카타(浴衣)라는 일본식 실내복에 게다를 신는데, 유카타는 가운같이 생긴 면 옷에 허리띠를 돌려 묶는 형태로 이것을 입은 채 온천 안을 돌아다닐 수 있습니다. 온천은 대개 거품탕, 약초탕, 온탕, 냉탕, 한증막, 노천온천 등으로 구성되어 있습니다.

　일본의 유명한 온천관광지로는 지옥순회(地獄巡り)로 유명한 규슈(九州)의 벳푸(別府)온천, 유모미오도리(湯もみ踊り)로 유명한 군마(群馬)의 구사쓰(草津)온천과 하코네(箱根)온천 등이 있습니다.

전화

1. 여보세요, 야마다 씨 댁입니까?
2. 잠시만 기다려 주세요.
3. 연결해 드리겠습니다.
4. 지금 자리를 비우셨는데요.
5. 지금 다른 전화를 받고 있는데요.
6. 그럼 다시 전화하겠습니다.
7. 전언 부탁합니다.
8. 반드시 전해 드리겠습니다.
9. 뭐 전할 말씀이라도 있습니까?
10. 몇 번에 거셨어요?
11. 수신자 부담으로 부탁드립니다.

기본표현

A : もしもし、山田さんの お宅でしょうか。
모시모시 야마다산노 오타꾸데쇼-까

B : はい、そうです。
하이 소-데스

A : 여보세요, 야마다 씨 댁입니까?
B : 네, 그렇습니다.

표현늘리기

■ 실례지만 김씨를 부탁드립니다.

すみませんが、金さんを おねがいします。
스미마셍가 김상오 오네가이시마스

■ 여보세요, 오노 씨세요?

もしもし、大野さんでしょうか。
모시모시 오-노상데쇼-까

■ 마쓰모토 씨는 계십니까?

松本さんは おられますか。
마쯔모토상와 오라레마스까

■ 사토 씨 계십니까?

佐藤さんは いらっしゃいますか。
사토-상와 이랏샤이마스까

■ 누구십니까?

どなたですか。
도나타데스까

■ 실례지만 누구십니까?

しつれい
失礼ですが、どちらさまですか。
시쯔레–데스가 도치라사마데스까

■ 실례합니다만, 어느 분이십니까?

おそ　　い
恐れ入りますが、どちらさまでしょうか。
오소레이리마스가 도치라사마데쇼–까

■ 어느 분에게 거셨어요?

だれに　おかけですか。
다레니 오카케데스까

■ 네, 저는 김입니다만.

キム
ああ、わたし　金ですけど。
아– 와따시 김데스케도

■ 저는 스즈키라고 합니다.

すず き　　もう
こちら　鈴木と　申します。
코치라 스즈키또 모–시마스

Tip

한국에서 다른 사람의 집에 전화를 걸었을 때 상대방이 전화를 받으면 우선 「여보세요, ~네 집이지요?」라고 말을 시작하듯이 일본에서도 마찬가지로 「~の　お宅でしょうか」라고 말합니다. 「お宅」는 「家(いえ)」를 공손하게 부르는 말입니다.

A : 鈴木さんは いらっしゃいますか。
스즈키상와 이랏샤이마스까

B : はい、少々 お待ちください。
하이 쇼-쇼- 오마치구다사이

A : 스즈키 씨 계십니까?
B : 네, 잠시만 기다려 주세요.

표현늘리기

■ 언제나 신세지고 있습니다.

いつも お世話に なって おります。
이쯔모 오세와니 낫떼 오리마스

■ 실례지만 (전화주신 분) 성함이 어떻게 되십니까?

失礼ですが、お名前は 何と おっしゃいますか。
시쯔레-데스가 오나마에와 난또 옷샤이마스까

■ 실례지만 누구십니까?

失礼ですが、どちらさまで いらっしゃいますか。
시쯔레-데스가 도치라사마데 이랏샤이마스까

■ 무슨 일로 전화주셨습니까?

どう いう ご用件ですか。
도- 이우 고요-켄데스까

■ 무슨 일이십니까?

何の ご用でしょうか。

난노 고요-데쇼-까

■ 오노 씨와 통화를 하고 싶은데요.

大野さんと お話ししたいんですが。

오-노산또 오하나시시타인데스가

■ 그대로 잠시만 기다리십시오.

そのまま しばらく お待ちください。

소노마마 시바라쿠 오마치구다사이

■ 오래 기다리셨습니다. 다나카입니다.

お待たせしました。田中です。

오마타세시마시따 다나카데스

■ 전화 바꿨습니다. 다나카입니다.

お電話 かわりました。田中です。

오뎅와 카와리마시따 다나카데스

Tip

「いらっしゃいますか」는 「계십니까?」라는 뜻입니다. 「いらっしゃる」는 「行(い)く・来(く)る・いる」를 공손하게 하는 말로 「가시다・오시다・계시다」의 뜻으로 폭넓게 쓰입니다.

기본표현

A : 営業部の 山田さんを お願いします。
에-교-부노 야마다상오 오네가이시마스

B : お待ちください。お回しします。
오마치구다사이 오마와시시마스

A : 영업부의 야마다 씨 부탁드립니다.
B : 기다려 주십시오. 돌려드리겠습니다.

표현늘리기

■ 한국어를 할 수 있는 분으로 부탁드립니다.
韓国語の 話せる 方で おねがいします。
캉코꾸고노 하나세루 카따데 오네가이시마스

■ 네, 연결해 드리겠습니다.

はい、おつなぎします。
하이 오쯔나기시마스

■ 총무부의 누구를 연결해 드릴까요?
総務部の だれに おつなぎしましょうか。
소-무부노 다레니 오쯔나기시마쇼-까

■ 끊지 말고 그대로 기다려 주세요.
切らずに そのまま お待ちください。
키라즈니 소노마마 오마치구다사이

■ 김씨에게서 전화 왔습니다.

キム
金さんからの　お電話です。
でん わ

김상까라노 오뎅와데스

■ 곧 오노 씨를 바꿔드리겠습니다.

おお の
ただいま　大野さんと　代わります。
か

타다이마 오-노상또 카와리마스

■ 편집부입니다. 무슨 일이십니까?

へんしゅうぶ
編集部です。何で　ございますか。
なん

헨슈-부데스 난데 고자이마스까

■ 제가 마쓰모토입니다만.

わたし　　まつもと
私が　松本ですが。

와따시가 마쯔모토데스가

■ 계약 건으로 전화드렸습니다만.

けいやく　けん
契約の件で　お電話　さしあげたのですが。
でん わ

케-야꾸노켄데 오뎅와 사시아게타노데스가

■ 지금 시간 괜찮으십니까?

いま　じ かん
今　お時間は　よろしいですか。

이마 오지캉와 요로시-데스까

Tip

「お願いします」는 경어체로「願います」에 존경을 나타내는「お～する」형식을 취한 말입니다.「お待ちください」나「お回しします」도 같은 형식이며, 이처럼 전화 표현에서는 경어체 표현이 많이 쓰입니다.

A : 加藤さんは いらっしゃいますか。
가토-상와 이랏샤이마스까

B : 加藤は ただいま 席を 外して おりますが。
가토-와 타다이마 세키오 하즈시떼 오리마스가

A : 가토 씨 계십니까?
B : 가토 씨는 지금 자리를 비우셨습니다만.

표현늘리기

■ 남편은 지금 외출했습니다만.

主人は ただいま 出かけて おりますが。
슈징와 타다이마 데카케떼 오리마스가

■ 마쓰모토 씨는 오늘 쉽니다만.

松本さんは 今日 お休みですが。
마쯔모토상와 쿄- 오야스미데스가

■ 과장님은 지금 출장중이십니다.

うちの 課長は いま 出張中です。
우찌노 카쵸-와 이마 슛쵸-츄-데스

■ 지금은 안 계십니다.

今は おりません。
이마와 오리마셍

202

■ 언제 돌아오십니까?

いつごろ お帰りに なりますか。

이쯔고로 오카에리니 나리마스까

■ 몇 시쯤이면 계십니까?

何時ごろだと いらっしゃいますか。

난지고로다또 아랏샤이마스까

■ 언제 돌아오십니까?

いつ お戻りに なりますか。

이쯔 오모도리니 나리마스까

■ 연락할 방법은 없습니까?

連絡方法は ありませんか。

렌라꾸호-호-와 아리마셍까

■ 금방 올 것입니다만.

すぐ もどると 思いますが。

스구 모도루또 오모이마스가

■ 몇 시에 돌아오시는지는 모르겠습니다만.

何時に お戻りに なるかは 分かりませんが。

난지니 오모도리니 나루카와 와카리마셍가

Tip

「ただいま」는 인사말로서 「다녀왔습니다」라는 말로 쓰이지만, 문장 앞에
오게 되면 「마침, 지금」이라는 말이 됩니다.
- ただいま 切らして おります。(마침 <물건 등이> 떨어졌습니다.)
- ただいま ちょうど 12時です。(지금 정각 12시입니다.)

기본표현

A : 山田さんを お願いします。
야마다상오 오네가이시마스

B : ただいま ほかの 電話に 出て おりますが。
타다이마 호카노 뎅와니 데떼 오리마스가

A : 야마다 씨 부탁드립니다.
B : 지금 다른 전화를 받고 있습니다만.

표현늘리기

■ 마침 다나카 씨는 통화중입니다만.

あいにく 田中さんは お話中ですが。
아이니꾸 다나카상와 오하나시츄-데스가

■ 아무도 받지 않습니다.

だれも とりません。
다레모 토리마셍

■ 이쪽에서 (다시) 전화 드릴까요?

こちらから お電話いたしましょうか。
고치라까라 오뎅와이타시마쇼-까

■ (통화가) 길어질 것 같습니까?

長く なりそうですか。
나가꾸 나리소-데스까

■ 오래 걸릴 것 같습니까? 급합니다만.

長引きそうですか。急いでるんですが。
나가비키소-데스까 이소이데룬데스가

■ 죄송합니다, 지금 다른 전화를 받고 있습니다.

すみません、今 別の 電話に 出て おります。
스미마셍 이마 베쯔노 뎅와니 데떼 오리마스

■ 한 시간 후에 다시 걸어주시겠습니까?

１時間後に かけなおして いただけますか。
이찌지깡고니 카케나오시떼 이타다케마스까

■ 지금 회의중이신데요.

ただいま 会議中です。
타다이마 카이기츄-데스

■ 지금 전화중인데요.

ただいま 電話中です。
타다이마 뎅와츄-데스

Tip

　한국과 일본의 전화 문화에 있어서, 한국에서는 우선 한참 이야기를 하다가 「실례지만, 누구시라고 전해드릴까요?」하는 식으로 전화를 받은 쪽이 전화를 건 사람의 이름을 확인하지만, 일본에서는 전화를 건 쪽이 우선 자신의 이름을 밝히는 것이 일반적입니다.

기본표현

A : ７時半には　終わると　思いますが。
시찌지한니와 오와루또 오모이마스가

B : じゃ、また　お電話します。
쟈 마타 오뎅와시마스

A : 7시 반에는 끝날 것 같습니다만.
B : 그럼 다시 전화하겠습니다.

표현늘리기

■ 몇 시에 다시 전화하면 좋을까요?

何時に　かけ直せば　いいでしょうか。
난지니 카케나오세바 이-데쇼-까

■ 잠시 후에 다시 전화주시겠습니까?

しばらくしてから　かけ直して　くださいませんか。
시바라꾸시테까라 카케나오시떼 쿠다사이마셍까

■ 이쪽에서 곧 다시 걸겠습니다.

こちらから　すぐ　かけ直します。
고치라까라 스구 카케나오시마스

■ 5분 후에 또 다시 걸겠습니다.

５分後に　また　かけ直します。
고훙고니 마따 카케나오시마스

■ 나중에 다시 전화하겠습니다.

また あとで お電話します。
마타 아또데 오뎅와시마스

■ 나중에 다시 한번 걸게요.

あとで もう一度 かけ直します。
아또데 모-이찌도 카케나오시마스

■ 그럼 나중에 다시 걸겠습니다.

それでは、後で また かけます。
소레데와 아또데 마따 카케마스

■ 내일 다시 걸겠습니다.

明日 また かけます。
아시타 마따 카케마스

■ 나중에 이쪽에서 전화하겠습니다.

のちほど こちらから お電話いたします。
노치호도 고치라까라 오뎅와이따시마스

Tip

일본의 공중전화는 국제전화가 되는 전화와 안 되는 전화가 구분되어 있어서 사용 전에 잘 확인해야 합니다. 또한 국제전화를 하려면 반드시 카드를 구입해야 합니다. 전화카드는 편의점에서 구입할 수 있습니다.

기본표현

A : ただいま 席を 外して おりますが。
타다이마 세키오 하즈시떼 오리마스가

B : では、伝言を お願いします。
데와 뎅공오 오네가이시마스

A : 지금 자리를 비우셨는데요.
B : 그럼 전언을 부탁합니다.

표현늘리기

■ 전언을 부탁드리고 싶습니다만.
お言付けを お願いしたいんですが。
오코토즈케오 오네가이시타인데스가

■ 메모를 남기고 싶습니다만.
メモを 残したいんですが。
메모오 노코시따인데스가

■ 몇 시 정도에 돌아오십니까?
何時ごろ お戻りに なりますか。
난지고로 오모도리니 나리마스까

■ 6시까지는 돌아올 것입니다.
６時までには もどると 思います。
로꾸지마데니와 모도루또 오모이마스

■ 메시지를 전해 드릴까요?

伝言を お伝えしましょうか。

뎅공오 오쯔타에시마쇼-까

■ 전해 주시겠습니까?

伝言して いただけますか。

뎅공시떼 이타다케마스까

■ 즉시 전화를 주셨으면 합니다.

おりかえし お電話を いただきたいんですが。

오리카에시 오뎅와오 이타다키따인데스가

■ 전언을 남겨드릴까요?

伝言を 承りますか。

뎅공오 우케타마와리마스까

■ 죄송하지만 전언 부탁드립니다.

恐れ入りますが、伝言を お願いいたします。

오소레이리마스가 뎅공오 오네가이이타시마스

■ 전해 주세요.

お伝え ください。

오쯔타에 쿠다사이

Tip

　「~さん」은 「~씨/~님」이라는 뜻으로 성 · 이름 · 직업 · 직책 뒤에 붙어서 경의를 나타냅니다. 영어의 「Mr.」와 쓰임이 같으나 경의의 의미를 나타내는 말이므로, 자신이 속해 있는 집단의 사람을 제3자에게 언급할 때나 자신을 지칭할 때는 쓰지 않습니다.

기본표현

A : わたしの 電話番号は 649 - 8310です。
와따시노 뎅와방고-와 로꾸용큐- 노 하치산이찌제로데스

B : 渡辺さんですね。確かに 申し伝えます。
와타나베산데스네 타시카니 모-시쯔타에마스

A : 제 전화번호는 649-8310 입니다.
B : 와타나베 씨지요. 꼭 전해 드리겠습니다.

표현늘리기

■ 알겠습니다. 그렇게 말씀 전해 드리겠습니다.

かしこまりました。そのように 申し伝えます。
카시코마리마시따 소노요-니 모-시쯔타에마스

■ 곧 연락드려 달라고 전하겠습니다.

おりかえし 連絡するよう 伝えます。
오리카에시 렌라꾸스루요- 쯔타에마스

■ 다시 전화 준다고 합니다.

もう 一度 電話して くれるそうです。
모- 이찌도 뎅와시테 쿠레루소-데스

■ 돌아오시면 전화하라고 전해 드리겠습니다.

もどりましたら 電話するよう 伝えます。
모도리마시따라 뎅와스루요- 쯔타에마스

■ 메시지를 전해 드리겠습니다.

伝言を お伝えして おります。

뎅공오 오쯔타에시테 오리마스

■ 전화번호를 가르쳐 주시겠습니까?

電話番号を 教えて いただけますか。

뎅와방고-오 오시에떼 이타다케마스까

■ 네, 잘 알았습니다. 전해 드리겠습니다.

はい、承知しました。お伝えします。

하이 쇼-치시마시타 오쯔타에시마스

■ 돌아오시면 전화하라고 전하겠습니다.

帰りましたら お電話するように 申し伝えますが。

카에리마시따라 오뎅와스루요-니 모-시쯔타에마스가

■ 만약을 위해 그쪽의 전화번호를 부탁드립니다.

念のため、そちらの お電話番号を お願いいたします。

넨노타메 소치라노 오뎅와방고-오 오네가이이따시마스

■ 돌아오면 와타나베 씨에게 전화 왔다고 전해 드리겠습니다.

戻ってきたら 渡辺さんから 電話があったと お伝え します。

모돗떼키타라 와타나베상카라 뎅와가앗따토 오쯔타에시마스

Tip

전화를 걸었는데 상대방이 부재중일 경우, 자신이 상대방보다 아랫사람이라면 다시 거는 것이 예의입니다.

기본표현

A：何か お言付けでも ありますか。
나니까 오고토즈케데모 아리마스까

B：会議は 4時からに なりましたと お伝え
ください。
카이기와 요지까라니 나리마시타또 오쯔타에 쿠다사이

A : 뭔가 전할 말씀이라도 있습니까?
B : 회의는 4시부터라고 전해 주세요.

표현늘리기

■ 전화 주세요.
お電話 ください。
오뎅와 쿠다사이

■ 네, 알겠습니다. 전해 드리겠습니다.
はい、承知しました。お伝えいたします。
하이 쇼–치시마시타 오쯔타에이따시마스

■ 나중에 그에게 전하겠습니다.
後で 彼に 伝えます。
아또데 카레니 쯔타에마스

■ 저에게 전화가 왔다고 전해 주세요.
わたしから 電話が あったと お伝え ください。
와따시카라 뎅와가 앗따토 오쯔타에 쿠다사이

■ 이쪽에서 전화드릴까요?

こちらから おかけしましょうか。
고치라까라 오카케시마쇼-까

■ 다시 한 번 말씀해 주시겠습니까?

もう一度 言って いただけますか。
모-이찌도 잇떼 이타다케마스까

■ 전화 달라고 전해 주시겠습니까?

お電話 くださるよう お伝えいただけますか。
오뎅와 쿠다사루요- 오쯔타에이타다케마스까

■ 오후에 다시 전화하겠다고 전해 주세요.

午後に また 電話すると お伝え ください。
고고니 마따 뎅와스루또 오쯔타에 쿠다사이

■ 그럼 실례합니다.

では、失礼します。
데와 시쯔레-시마스

■ 실례했습니다.

ごめんください。
고멩구다사이

Tip

お와 ご의 사용 방법
음으로 읽는 단어는 「ご」, 훈으로 읽는 단어는 「お」를 붙이는 것이 기본입니다. 「ご子息(しそく)」, 「お子様(こさま)」가 그 예입니다. 그러나 「食事」, 「時間」 등 일상적인 단어에는 음으로 읽어도 「お」를 붙입니다.

몇 번에 거셨어요?

기본표현

A：何番に おかけに なりましたか。
남반니 오카케니 나리마시타까

B：649 - 8310じゃ ありませんか。
로꾸용큐-노 하치산이찌제로쟈 아리마셍까

A : 몇 번에 거셨어요?
B : 649-8310 아닌가요?

표현늘리기

■ 죄송합니다, 번호를 착각했습니다.

すみません、番号を 間違えました。
스미마셍 방고오 마치가에마시타

■ 전화가 멀어서 잘 안 들립니다만.

電話が 遠くて よく 聞こえないのですが。
뎅와가 토-쿠떼 요꾸 키코에나이노데스가

■ 죄송합니다만, 잘 들리지 않습니다.

すみませんが、よく 聞こえません。
스미마셍가 요꾸 키코에마셍

■ 이 전화 잡음이 있지 않습니까?

この 電話、雑音が 入りませんか。
고노 뎅와 잣쯔옹가 하이리마셍까

■ 몇 번에 거셨습니까?

何番へ おかけですか。
남방에 오카케데스까

■ 번호가 틀린 것 같습니다만.

番号を お間違えのようですが。
방고오 오마치가에노요-데스가

■ 아, 실례했습니다. 죄송합니다.

あっ、失礼しました。 すみません。
앗 시쯔레-시마시타 스미마셍

■ 좀더 크게 말씀해 주세요.

もう少し 大きな声で おっしゃって ください。
모-스코시 오-키나코에데 옷샷떼 쿠다사이

■ 다시 한 번 말씀해 주시겠습니까?

もう一度 おっしゃって いただけますか。
모-이찌도 옷샷떼 이타다케마스까

Tip

　전화번호를 모를 경우 한국에서는 114에 걸어 전화번호 안내를 받지만 일본에서는 104입니다. 0은 「ゼロ」 또는 「れい」 두 가지로 읽는데, 104의 0은 보통 「れい」로 읽어서 「いちれいよん」이라고 합니다.

기본표현

A : コレクトコールで おねがいします。
코레쿠토코-루데 오네가이시마스

B : 電話番号を おっしゃって ください。
뎅와방고-오 옷샷떼 쿠다사이

A : 수신자 부담으로 부탁드립니다.
B : 전화번호를 말씀해 주십시오.

표현늘리기

■ 한국 교환원을 부탁드립니다.
韓国の オペレーターを おねがいします。
캉코꾸노 오페레-타-오 오네가이시마스

■ 전화 받으실 분의 성함을 알려주시겠습니까?
お電話に 出る 方の お名前を 教えて いただけますか。
오뎅와니 데루 카따노 오나마에오 오시에떼 이타다케마스까

■ 어느 분과 통화연결 하시겠습니까?
どなたと お話 なさいますか。
도나타또 오하나시 나사이마스까

■ 끊지 말고 기다리십시오.
切らないで お待ちください。
키라나이데 오마치구다사이

216

■ 나오셨습니다.

お出に なりました。
오데니 나리마시따

■ 이야기하십시오.

どうぞ お話し ください。
도-죠 오하나시 쿠다사이

■ 죄송합니다, (상대쪽에서) 전화를 안 받습니다만.

すみません、電話に 出てないんですが。
스미마셍 뎅와니 데떼나인데스가

■ 어느 정도 기다려야 됩니까?

どのくらい 待ちますか。
도노쿠라이 마치마스까

■ 요금은 얼마나 듭니까?

料金は いくら かかりますか。
료-킹와 이쿠라 가카리마스까

■ 전화가 끊어져 버렸습니다. 다시 한번 연결해 주세요.

電話が 切れて しまいました。もう 一度 お願いします。
뎅와가 키레떼 시마이마시따 모- 이찌도 오네가이시마스

Tip

국제전화 통화하는 방법은 종류가 다양하나 주로 수신자 부담 전화(collect call)를 많이 사용하며 교환을 거치지 않고 직접 통화하는 ISD(국제 다이얼 통화)가 있습니다.

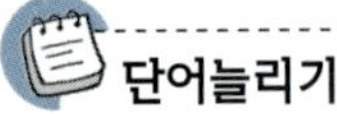

단어늘리기

기본단어

でん わ 電話	뎅와	전화
かける	카케루	(전화를) 걸다
き 切る	키루	중단하다, 멈추다, (전화를) 끊다
もしもし	모시모시	여보세요
だれ	다레	누구
どなた	도나타	누구, 어느 분
しつれい 失礼	시쯔레-	실례
もう 申す	모-스	~합니다
はな 話す	하나스	말하다, 이야기하다
な まえ 名前	나마에	이름
いらっしゃる	이랏샤루	가시다, 오시다, 계시다 (行く·来る·いる의 높임말)
しょうしょう 少々	쇼-쇼-	잠시, 잠깐, 조금
おっしゃる	옷샤루	말씀하시다
よう 用	요-	볼일, 용건(= よう じ 用事)
ようけん 用件	요-켄	용건, 볼일, 용무
けん 件	켄	사항, 사건
ま 待つ	마쯔	기다리다
ま 待たせる	마타세루	기다리게 하다
しばらく	시바라쿠	잠깐, 잠시
そのまま	소노마마	(지금) 그대로
つなぐ	쯔나구	연결하다

218

<ruby>回<rt>まわ</rt></ruby>す	마와스	(전화를) 돌리다, 회전시키다
<ruby>代<rt>か</rt></ruby>わる	카와루	대신하다, 바뀌다, 교체되다
<ruby>方<rt>かた</rt></ruby>	카따	분 (남에 대한 높임말)
<ruby>話<rt>はな</rt></ruby>せる	하나세루	말할 수 있다
さしあげる	사시아게루	드리다, 바치다
<ruby>席<rt>せき</rt></ruby>	세키	자리
<ruby>通話<rt>つうわ</rt></ruby>	쯔-와	통화
<ruby>話中<rt>はなしちゅう</rt></ruby>	하나시츄-	통화중
<ruby>会議<rt>かいぎ</rt></ruby>	카이기	회의
<ruby>外<rt>はず</rt></ruby>す	하즈쓰	(자리를) 뜨다, 비우다
<ruby>出<rt>で</rt></ruby>かける	데카케루	나가다, 나서다, 떠나다
お<ruby>休<rt>やす</rt></ruby>み	오야스미	휴업, 결근, 휴가
すぐ	스구	곧, 즉시, 금방
<ruby>帰<rt>かえ</rt></ruby>り	카에리	돌아옴, 돌아감
<ruby>戻<rt>もど</rt></ruby>り	모도리	돌아옴
<ruby>連絡<rt>れんらく</rt></ruby>	렌라꾸	연락
<ruby>連絡先<rt>れんらくさき</rt></ruby>	렌라꾸사키	연락처
<ruby>方法<rt>ほうほう</rt></ruby>	호-호-	방법
<ruby>長引<rt>ながび</rt></ruby>く	나가비쿠	오래 걸리다, 지연되다, 길어지다
かけ<ruby>直<rt>なお</rt></ruby>す	카케나오스	다시 걸다
しばらく	시바라쿠	잠깐, 잠시
それでは	소레데와	그럼, 그러면
のちほど	노치호도	나중에, 뒤에
あと	아또	나중, 다음

言付け	코토즈케	전갈, 전언
メモ	메모	메모
伝言	뎅공	전언
残す	노코스	남기다
伝える	쯔타에루	알리다, 전언하다, 전달하다
かしこまる	카시코마루	알았습니다
承知	쇼-치	알고 있음, 들어줌, 승낙함
電話番号	뎅와방고-	전화번호
電話帳	뎅와쵸-	전화번호부
教える	오시에루	가르치다
間違える	마치가에루	잘못 알다, 착각하다
遠い	토-이	멀다
聞える	키코에루	들리다
雑音	잣쯔옹	잡음
声	코에	목소리, 소리
国際電話	곡사이뎅와	국제전화
コレクトコール	코레쿠토코-루	수신자 부담 통화, 컬렉트콜
オペレーター	오페레-타-	전화 교환원
交換台	코-칸다이	교환대
料金	료-킹	요금
受話器	쥬와키	수화기
混線	콘셍	혼선
内線	나이센	내선
公衆電話	코-슈-뎅와	공중전화

220

보충단어

[경어]

恐れ入る	오소레이루	죄송해하다, 황송해하다
世話	세와	도와줌, 신세, 폐
おりかえし	오리카에시	즉시
承る	우케타마와루	삼가 받다
手数	테수—	수고, 귀찮음, 폐
取り次ぐ	토리쯔구	전하다
承知	쇼—치	알고 있음
申し伝える	모—시쯔타에루	전언해 드리다
念のため	넨노타메	만약을 위해

[휴대폰 관련용어]

携帯電話	케—따이뎅와	핸드폰, 휴대폰
メール	메—루	문자메시지
着うた	차쿠우타	벨소리 다운로드
待ち受け画面	마치우케가멘	배경화면
モバイル	모바이루	모바일
通話料	쯔—와료—	통화료
インターネット	인타—넷또	인터넷

祭 마쓰리

　일본은 1년 내내 크고 작은 축제가 끊이지 않으며 큰 축제는 물론 마을 단위의 작은 축제까지 정말로 많은 축제들이 전국 곳곳에서 행해집니다.

　대표적인 3대 마쓰리로는 도쿄의 간다마쓰리(神田祭, 5월 14~15일), 오사카의 텐진마쓰리(天神祭, 7월 24~25일), 교토의 기온마쓰리(祇園祭, 7월 16~17일)가 있으며 그 외에도 2월에 하는 홋카이도 삿포로의 유키마쓰리(雪祭)와 8월 초에 하는 아오모리의 네부타마쓰리(ねぶた祭)가 유명합니다. 마쓰리의 상징 중의 하나가 오미코시(お神輿)라고 불리는 수레인데 크기가 작은 것에서부터 커다란 것까지 종류도 다양합니다. 특히 네부타마쓰리 같은 경우는 수레의 규모가 워낙 크기 때문에 한 가마에 수백 명이 붙어서 끌어야 겨우 움직일 정도입니다. 이런 거대한 수레를 끌기 위하여 마을 사람들 전체가 모두 합심하여 몇 달 전부터 연습하는데, 이러한 모습에서 일본인들의 집단주의적 성향을 엿볼 수 있습니다.

◀ 네부타마쓰리

제 11 장

교통 · 길묻기

기본표현

A : 上野公園は どちらですか。
우에노고-엥와 도찌라데스까

B : この 道を ずっと 行って ください。
고노 미치오 즛또 잇떼 쿠다사이

A : 우에노 공원은 어디 있습니까?
B : 이 길을 쭉 가세요.

표현늘리기

- 아키하바라에 가고 싶습니다만.
秋葉原へ 行きたいのですが。
아키하바라에 이키타이노데스가

- 이 주소를 찾고 있습니다.
この 住所を 探して います。
고노 쥬-쇼오 사가시떼 이마스

- 도쿄로 가는 길을 가르쳐 주시지 않겠습니까?
東京への 行き方を 教えて くれませんか。
도-쿄-에노 이키카따오 오시에떼 쿠레마셍까

- 걸어서 몇 분 정도입니까?
歩いて 何分ぐらいですか。
아루이떼 남뿡구라이데스까

■ 걸어서 그곳에 갈 수 있습니까?

歩いて そこへ 行けますか。

아루이떼 소코에 이케마스까

■ 신주쿠역은 어떻게 가면 되나요?

新宿駅は どう行ったら いいでしょうか。

신쥬쿠에끼와 도-잇따라 이-데쇼-까

■ 어디에 가십니까?

どこへ いらっしゃるのですか。

도코에 이랏샤루노데스까

■ 여기서 멉니까?

ここから 遠いですか。

고꼬까라 토-이데스까

■ 이 지도에서 현재 위치가 어디입니까?

この 地図で ここは どこですか。

고노 치즈데 고꼬와 도코데스까

■ 아키하바라에 가는 길을 가르쳐 주세요.

秋葉原に 行く 道を 教えてください。

아키하바라니 이쿠 미찌오 오시에떼구다사이

Tip

길 가는 사람에게 말을 건넬 때는 「すみません、ちょっと お伺(うかが)
いしたいんですが(실례합니다, 말씀 좀 묻겠는데요)」라고 합니다.

A : この 道を 渡って ください。
고노 미찌오 와탓떼 쿠다사이

B : わかりました。どうも。
와카리마시따 도-모

A : 이 길을 건너세요.
B : 알겠습니다. 고맙습니다.

표현늘리기

■ 이쪽 방향입니까?

こっちの ほうですか。
곳찌노 호-데스까

■ 막다른 곳에 있습니다.
突き当たりに あります。
쯔키아타리니 아리마스

■ 이 길의 맞은편에 있습니다.
その 道の 向こう側に あります。
소노 미찌노 무코-가와니 아리마스

■ 모퉁이를 오른쪽으로 돌아 3번째 건물입니다.
かどを 右に 曲がって 3番目の 建物です。
카도오 미기니 마갓떼 삼밤메노 다테모노데스

■ 좌측으로 꺾어지는 겁니까?

左に 曲がるのですか。

히다리니 마가루노데스까

■ 곧장 50미터쯤 가시면 바로 거기에 있습니다.

５０メートルくらい まっすぐ行くと すぐ そこです。

고쥬-메-토루쿠라이 맛스구이쿠또 스구 소코데스

■ 한 10분 정도 걸립니다.

だいたい 10分ほど かかります。

다이따이 집뿡호도 가카리마스

■ 이 길로 곧장 가세요.

この 道を まっすぐ 行って ください。

고노 미찌오 맛스구 잇떼 쿠다사이

■ 5분밖에 안 걸려요.

５分しか かかりません。

고훈시카 가카리마셍

■ 버스를 타는 게 좋을 거에요.

バスに 乗ったほうが いいですよ。

바스니 놋따호-가 이-데스요

Tip

낯선 곳에 가면 사람들에게 길을 묻지 않을 수 없습니다. 가르쳐주는 설명을 못 알아들었을 때 주눅이 들어 그냥 돌아서지 말고「もう 少し ゆっくり 話して いただけますか(좀 더 천천히 말씀해 주시겠어요?)」하고 다시 묻습니다.

기본표현

A : 道に 迷って しまいました。
ここは どこですか。
미치니 마욧떼 시마이마시따 고꼬와 도코데스까

B : 原宿です。
하라쥬쿠데스

A : 길을 잃어버렸어요. 여기가 어디입니까?
B : 하라주쿠입니다.

표현늘리기

■ 여기가 신주쿠입니까?
ここは 新宿ですか。
고코와 신쥬쿠데스까

■ 길을 모르겠습니다.
道が わからなく なりました。
미찌가 와카라나꾸 나리마시타

■ 간단한 지도를 그려 주시지 않겠습니까?
簡単な 地図を 書いて くださいませんか。
간딴나 치즈오 카이떼 쿠다사이마셍까

■ 이 지도에 표시를 해주시겠습니까?
この 地図に 印を つけて もらえますか。
고노 치즈니 시루시오 쯔케떼 모라에마스까

■ 저도 이쪽 지리는 잘 모르는데요.

わたしも このへんは あまり 詳しくないんですが。

와따시모 고노헹와 아마리 쿠와시꾸나인데스가

■ 저도 여기는 처음이라서요.

私も ここは 初めてなものですから。

와따시모 고꼬와 하지메떼나모노데스까라

■ 호텔로 돌아가고 싶은데요.

ホテルに 戻りたいんですが。

호테루니 모도리따인데스가

■ 이쪽 방향인가요?

こちらの ほうですか。

고찌라노 호-데스까

■ 이 근처에 편의점은 있습니까?

この 近くに コンビニは ありますか。

고노 치카쿠니 콤비니와 아리마스까

Tip

「道に 迷う(길을 잃다)」는 많이 쓰는 표현이니 알아둡시다. 「~てしまう」는 「~해 버리다」라는 뜻이며 회화체로는 「~ちゃう」가 됩니다.

이 버스는 아카사카에 갑니까?

A : この バスは 赤坂へ 行きますか。
고노 바스와 아카사카에 이키마스까

B : はい、行きます。
하이 이키마스

A : 이 버스는 아카사카에 갑니까?
B : 네, 갑니다.

표현늘리기

■ 버스 타는 곳은 어디입니까?

バス乗り場は どこでしょうか。
바스노리바와 도코데쇼-까

■ 오사카까지 가는 버스는 있습니까?

大阪までの バスは ありますか。
오-사카마데노 바스와 아리마스까

■ 신주쿠 가는 버스는 어디서 탑니까?

新宿行きの バス乗り場は どこですか。
신쥬쿠유키노 바스노리바와 도코데스까

■ 앞으로 얼마나 더 갑니까?

ここから どのくらい ありますか。
고꼬카라 도노쿠라이 아리마스까

■ 버스는 몇 분마다 있습니까?

バスは 何分ごとに ありますか。

바스와 남뿡고또니 아리마스까

■ 다음 버스는 언제 있어요?

次の バスは 何時ですか。

쯔기노 바스와 난지데스까

■ 10분 간격으로 버스가 있어요.

10分 おきに バスが あります。

집뿡 오키니 바스가 아리마스

■ 이 버스는 어디 행입니까?

この バスは どこ行きですか。

고노 바스와 도코유키데스까

■ 마지막 차는 몇 시에 떠납니까?

最終バスは 何時に 出ますか。

사이슈-바스와 난지니 데마스까

■ 시부야에서 섭니까?

渋谷で 止まりますか。

시부야데 토마리마스까

Tip

우리나라 버스요금이 선불제인데 반해 일본의 버스는 후불제를 실시하고 있습니다. 버스를 탔을 때 정리권을 뽑으면 전광판에 거리에 따른 요금이 표시됩니다. 앞쪽에 있는 요금기에 해당 요금과 정리권을 넣고 내리면 됩니다.

기본표현

A : 動物園は いくつめですか。
도-부쯔엥와 이쿠쯔메데스까

B : 7番目の 停留所です。
나나밤메노 테-류-죠데스

A : 동물원은 몇 번째 정류장입니까?
B : 7번째 정류장입니다.

표현늘리기

■ 어디서 내리면 됩니까?

どこで 降りれば いいですか。
도코데 오리레바 이-데스까

■ 뭔가 표적이 될 만한 것은 없습니까?

何か 目印に なるものは ありませんか。
나니까 메지루시니 나루모노와 아리마셍까

■ 종점에서 내리세요.

終点で 降りて ください。
슈-뗀데 오리떼 쿠다사이

■ 다음 정류장에서 내립니다.

次の 停留所で 降ります。
쯔기노 데-류-죠데 오리마스

232

■ 죄송합니다, 내려요.

すみません、降ります。
스미마셍 오리마스

■ 저, 지나쳤어요.

すみません、乗り越しです。
스미마셍 노리코시데스

■ 좀 비켜주세요, 내립니다.

ちょっと 通してください、降ります。
촛또 토-시떼구다사이 오리마스

■ 버스를 잘못 탔습니다.

バスを 乗り違えました。
바스오 노리치가에마시따

■ 신주쿠에 도착하면 내려주세요.

新宿に ついたら 下ろしてください。
신쥬쿠니 쯔이따라 오로시떼구다사이

Tip

야간버스는 저녁시간에 출발해서 아침에 도착하므로 장거리 여행시 숙박이 해결됩니다. 화장실이 딸려 있으며 슬리퍼와 담요가 제공됩니다. 또한 여성전용 야간버스도 있습니다. 예약은 필수이며, 전국의 모든 JR역의 「緑(みどり)の窓口(まどぐち)」나 JTB 사무실에서 할 수 있습니다.

A : どこで 乗り換えたら いいですか。

도코데 노리카에따라 이-데스까

B : 目黒駅で 乗り換えて ください。

메구로에끼데 노리카에떼 쿠다사이

A : 어디서 갈아타면 되나요?
B : 메구로 역에서 갈아타세요.

표현늘리기

■ 아키하바라에 가려면 야마노테선이 편리합니다.

秋葉原へ 行くなら 山手線が 便利です。

아키하바라에 이쿠나라 야마노테셍가 벤리데스

■ 출구는 어느 쪽입니까?

出口は どちらですか。

데구찌와 도치라데스까

■ 첫차는 몇 시에요?

始発は 何時ですか。

시하쯔와 난지데스까

■ 막차는 벌써 떠났습니까?

終電は もう 出ましたか。

슈-덴와 모- 데마시타까

234

■ 지하철은 몇 시에 끊깁니까?
地下鉄は 何時に なくなりますか。
치카테쯔와 난지니 나쿠나리마스까

■ 표는 어디서 살 수 있습니까?
切符は どこで 買えますか。
킵뿌와 도꼬데 카에마스까

■ 시부야 역에 가려면 무슨 선을 타야 됩니까?
渋谷駅に 行くには 何線に 乗れば いいですか。
시부야에끼니 이쿠니와 나니센니 노레바 이−데스까

■ 우에노 역에서 버스로 갈아타세요.
上野駅で バスに 乗り換えて ください。
우에노에끼데 바스니 노리카에떼 쿠다사이

■ 신주쿠 방면은 이쪽이 맞습니까?
新宿方面は こっちで 合っていますか。
신쥬쿠호−멘와 콧찌데 앗떼이마스까

■ 노선을 잘못 탔어요.
路線を 間違えました。
로셍오 마치가에마시따

Tip

일본인들은 버스나 지하철에서 큰소리로 떠드는 경우가 없습니다. 휴대 전화도 진동으로 해두고 문자메시지만 보내는 정도입니다. 만약 전화가 오면 「지금은 전화를 받을 수 없으니 나중에 전화하겠습니다」하고 끊는 것이 일반적입니다. 또한, 노약자석에서는 반드시 전원을 꺼두어야 합니다.

기본표현

A : 京都行きの　列車は　何時のが　ありますか。
교-토유키노 렛샤와 난지노가 아리마스까

B : 10時　20分発のが　あります。
쥬-지 니줍뿐하쯔노가 아리마스

A : 교토행 열차는 몇 시 것이 있습니까?
B : 10시 20분 발이 있습니다.

표현늘리기

■ 교토까지 부탁드립니다. (교토까지 가는 표 주세요.)

京都まで　おねがいします。
교-토마데 오네가이시마스

■ 교토까지 얼마입니까?

京都まで　いくらですか。
교-토마데 이쿠라데스까

■ 왕복으로 주세요.

往復で　ください。
오-후꾸데 쿠다사이

■ 시간표를 주시지 않겠습니까?

時刻表を　くださいませんか。
지코쿠효-오 쿠다사이마셍까

236

■ 좌석을 예약해야 합니까?
座席の 予約は 必要ですか。
자세끼노 요야꾸와 히쯔요-데스까

■ 좀더 빠른 것은 없습니까?
もっと 早いのは ありませんか。
못또 하야이노와 아리마셍까

■ 편도 부탁합니다.
片道で お願いします。
가타미찌데 오네가이시마스

■ 금연석으로 주세요.
禁煙席を お願いします。
킹엔세끼오 오네가이시마스

■ 창가 쪽 좌석을 주세요.
窓側の 席を ください。
마도가와노 세키오 쿠다사이

■ 학생 할인 가능합니까?
学割が ききますか。
가꾸와리가 키키마스까

Tip

신칸센의 운임은 다른 일반 기차에 비해 다소 비싼 편이며 승차할 때에는 승차권 외에 특급권, 좌석 지정권, 그린권 등의 티켓을 구입해야 하는 경우도 있습니다. 각 열차에는 특유의 기념품과 도시락을 판매하며 학생은 학생 할인제도(がくわり)가 적용되어 저렴하게 이용할 수 있습니다.

기본표현

A : この 列車は 京都行きですか。
고노 렛샤와 교-토유키데스까

B : はい、そうです。
하이 소-데스

A : 이 열차는 교토행입니까?
B : 네, 그렇습니다.

표현늘리기

■ 얼마를 더 가면 교토입니까?

あと どれくらいで 京都ですか。
아또 도레쿠라이데 교-토데스까

■ 이 자리 비어 있습니까?

この 席は 空いて いますか。
고노 세키와 아이떼 이마스까

■ 여기는 제 자리인데요.

ここは わたしの 席なんですが。
고꼬와 와따시노 세키난데스가

■ 다음 역은 어디입니까?

次の 駅は どこですか。
쓰기노 에키와 도코데스까

■ 여기 앉아도 되겠습니까?

ここに 座っても いいですか。

고꼬니 스왓떼모 이-데스까

■ 죄송합니다만, 자리를 바꿔주시지 않겠습니까?

すみませんが、席を 替わって いただけませんか。

스미마셍가 세키오 카왓떼 이타다케마셍까

■ 표를 잃어버렸어요.

切符を なくして しまいました。

킵뿌오 나쿠시떼 시마이마시따

■ 열차에 물건을 놓고 내렸어요.

列車に 忘れ物を して しまいました。

렛샤니 와스레모노오 시테 시마이마시따

■ 오사카까지 가는 데 갈아타야 하나요?

大阪まで 行くのに 乗り換えが ありますか。

오-사카마데 이쿠노니 노리카에가 아리마스까

■ 환불받고 싶은데요.

払い戻しを したいのですが。

하라이모도시오 시타이노데스가

Tip

　일본의 철도는 속도나 시설에 따라 가격이 다르며 신칸센을 비롯해 특급 「特急(とっきゅう)」, 급행「急行(きゅうこう)」, 쾌속「快速(かいそく)」, 보통 「普通(ふつう)」 등으로 나뉩니다.

기본표현

A : 渋谷駅まで おねがいします。
시부야에끼마데 오네가이시마스

B : はい、かしこまりました。
하이 카시코마리마시따

A : 시부야 역까지 가 주세요.
B : 네, 알겠습니다.

표현늘리기

■ 택시 타는 곳은 어디입니까?

タクシー乗り場は どこですか。
타쿠시-노리바와 도코데스까

■ 도쿄역까지 가 주세요.

東京駅まで 行って ください。
도-쿄-에끼마데 잇떼 쿠다사이

■ 택시를 불러주시겠어요?

タクシーを 呼んで くれますか。
타쿠시-오 욘데 쿠레마스까

■ 어디 가십니까?

どちらまで 行きますか。
도치라마데 이키마스까

■ 앞으로 몇 분 정도 더 걸리겠습니까?

あと 何分ぐらい かかりますか。

아또 남뿡그라이 가카리마스까

■ 아직 멀었나요?

まだ 遠いですか。

마다 토-이데스까

■ 네, 거의 다 왔습니다.

はい、もう すぐです。

하이 모- 스구데스

■ 도착했습니다.

着きました。

쯔키마시타

■ 여기서 내려주세요.

ここで 下ろして ください。

고꼬데 오로시떼 쿠다사이

■ 저기서 세워 주시겠습니까?

あそこで 止めて くれますか。

아소코데 토메떼 쿠레마스까

Tip

「かしこまりました」는 「わかりました」의 공손한 말로 「알겠습니다/분부대로 하겠습니다」의 뜻입니다. 「어디서 택시를 잡을 수 있습니까?」는 「拾(ひろ)う」를 써서 「どこで タクシーが 拾えますか」라고 합니다.

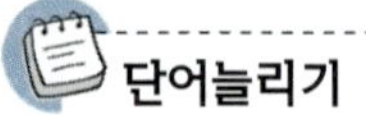 단어늘리기

기본단어

^{じゅうしょ}住所	쥬-쇼	주소
^{さが}探す	사가스	찾다
^い行き^{かた}方	이키카따	길의 순서
^{ある}歩く	아루쿠	걷다, 걸어가다, 거닐다
^{ち ず}地図	치즈	지도
^{みち}道	미치	길
いらっしゃる	이랏샤루	가시다
だいたい	다이따이	대강, 거의
^{かんたん}簡単	간딴	간단
^{しるし}印	시루시	표시
^{めじるし}目印	메지루시	표적
^{くわ}詳しい	쿠와시-	상세하다, 자세하다
ホテル	호테루	호텔
コンビニ	콤비니	편의점
^{ちか}近く	치카꾸	근처, 가까운 곳
へん	헨	근처
^{あた}辺り	아타리	근처, 부근
バス	바스	버스
^{ち か てつ}地下鉄	치카테츠	지하철
^{れっしゃ}列車	렛샤	열차
タクシー	타쿠시-	택시
^の乗る	노루	타다

バス乗り場	바스노리바	버스 타는 곳
停留所	테-류-죠	정류장
おつり	오쯔리	거스름돈
行き	유끼	~행
都心	도심	노심
ごと	고또	~마다
おき	오키	걸러, 간격
次	쯔기	다음
止まる	토마루	멈추다, 서다
始発	시하쯔	처음 발차함, 첫차
終発	슈-하쯔	막차
終車	슈-샤	막차
終電	슈-덴	마지막 전차
終点	슈-텐	종점
降りる	오리루	내리다
乗り越し	노리코시	하차역을 지나침
下ろす	오로스	내리다, 내려놓다
通る	토-루	지나다, 지나가다, 통과하다
着く	쯔쿠	도착하다
往復	오-후쿠	왕복
片道	카타미찌	편도
時刻表	지코쿠효-	시간표
座席	자세끼	좌석
予約	요야꾸	예약

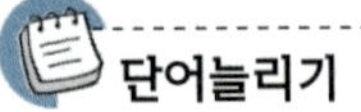
단어늘리기

ひつよう 必要	히쯔요-	필요
もっと	못또	더, 더욱, 좀더
はや 早い	하야이	이르다, 빠르다
ひろ 拾う	히로우	줍다, 습득하다, (택시 등을) 잡아서 타다, 태우다
まどぐち 窓口	마도구치	창구

보충단어

[교통수단]

− 지하철

ほうめん 方面	호-멘	방면, 방향
いりぐち 入口	이리구찌	입구
で ぐち 出口	데구찌	출구
ろ せん 路線	로셍	노선
きっぷ 切符	킵뿌	표
か 買う	카우	사다
ま ちが 間違える	마치가에루	잘못 알다, 착각을 하다
えき 駅	에끼	역
とっきゅう 特急	독큐-	특급
かくえきていしゃ 各駅停車	가쿠에끼테-샤	완행전철

− 기차

しんかんせん 新幹線	신칸센	신간선
し ていせき 指定席	시테-세끼	지정석

自由席 (じゆうせき)	지유-세끼	자유석
禁煙席 (きんえんせき)	킹엔세끼	금연석
窓側 (まどがわ)	마도가와	창가 쪽
通路側 (つうろがわ)	쯔-로가와	통로 쪽
学生割引 (がくせいわりびき)	각세이와리비키	학생 할인
学割 (がくわり)	가꾸와리	학생 할인
利く (き)	키꾸	효력이 있다, 가능하다
停車 (ていしゃ)	테-샤	정차
座る (すわ)	스와루	앉다
替わる (か)	카와루	바뀌다, 교체되다
なくす	나쿠스	잃다, 분실하다
忘れ物 (わすもの)	와스레모노	물건을 잊고 감, 잊은 물건
払い戻し (はらもど)	하라이모도시	환불, 환급

[방향]

こっち	곳찌	이쪽
そっち	솟찌	그쪽
あっち	앗찌	저쪽
どっち	돗찌	어느 쪽
突き当たり (つあ)	쯔키아타리	막다른 곳
向こう側 (むがわ)	무코-가와	맞은편
曲がる (ま)	마가루	방향을 바꾸다, 돌다
角 (かど)	카도	모퉁이
交差点 (こうさてん)	코-사텡	교차점

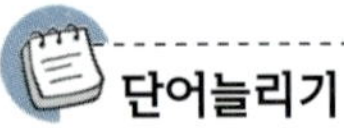

단어늘리기

まっすぐ	맛스구	곧장, 똑바로
しんごう 信号	싱고-	신호
おうだんほどう 横断歩道	오-단호도-	횡단보도
わた 渡る	와타루	건너다
ひだり 左	히다리	왼쪽
みぎ 右	미기	오른쪽
まえ 前	마에	앞
うし 後ろ	우시로	뒤
うえ 上	우에	위
した 下	시타	아래
よこ 横	요코	옆
ひがし 東	히가시	동쪽
にし 西	니시	서쪽
みなみ 南	미나미	남쪽
きた 北	키타	북쪽

[지명]

あきはばら 秋葉原	아키하바라	아키하바라
とうきょう 東京	도-쿄-	도쿄
しんじゅく 新宿	신쥬쿠	신주쿠
あかさか 赤坂	아카사카	아카사카
はらじゅく 原宿	하라쥬쿠	하라주쿠
しぶや 渋谷	시부야	시부야
うえの 上野	우에노	우에노

銀座 (ぎんざ)	긴자	긴자
大阪 (おおさか)	오-사카	오사카
京都 (きょうと)	쿄-토	교토
奈良 (なら)	나라	나라
千葉 (ちば)	치바	지바
横浜 (よこはま)	요코하마	요코하마
静岡 (しずおか)	시즈오카	시즈오카
埼玉 (さいたま)	사이타마	사이타마
仙台 (せんだい)	센다이	센다이
青森 (あおもり)	아오모리	아오모리
新潟 (にいがた)	니-가따	니가타
長野 (ながの)	나가노	나가노
群馬 (ぐんま)	굼마	군마
北海道 (ほっかいどう)	홋까이도	홋카이도
札幌 (さっぽろ)	삿뽀로	삿포로
名古屋 (なごや)	나고야	나고야
鳥取 (とっとり)	돗또리	돗토리
長崎 (ながさき)	나가사키	나가사키
広島 (ひろしま)	히로시마	히로시마
福岡 (ふくおか)	후쿠오카	후쿠오카
沖縄 (おきなわ)	오키나와	오키나와

駅弁 에키벤

에키벤이란 에키우리벤토(駅売り弁当)의 준말로 일본의 철도역에서 판매하는 도시락을 말합니다. 특히 그 중에서도 해당 노선 및 지역 특유의 것을 가리킵니다. 기차 내부에서 부식을 판매하는 것은 일본 외에서도 찾아볼 수 있지만, 일본의 에키벤은 해당역 구내에서 따로 판매되며 그 종류 또한 다양합니다. 1885년에 개통된 니혼철도 우쓰노미야에서 판매된 것이 에키벤의 시초로서 현재는 전국의 거의 모든 역에서 판매되고 있습니다.

각 지방에서 재배한 쌀부터 특산물에 이르기까지 풍부한 식자재, 도기와 대나무 제품의 용기, 보기에도 즐거운 다채로운 포장이 사람들의 눈길을 끌며 철도여행 중에 맛보는 에키벤을 통하여 그 지방 특유의 역사, 풍토까지도 엿볼 수 있습니다. 또한 유명한 에키벤은 철도 이용객 외에 타지역에서 인터넷 등으로 주문하기도 하며, 백화점에서는 매년마다 에키벤 경연대회가 열려 전국의 에키벤을 한번에 맛볼 수 있습니다.

제 12 장

부탁·요청

1. 잠깐 기다리세요.
2. 천천히라면 가도 되겠지요?
3. 이 책을 빌려도 될까요?
4. 빨리 출발하는 편이 낫겠지요?
5. 다시 한 번 말해 주세요.
6. 셔터를 눌러주시겠습니까?

기본표현

A : ちょっと 待^まって ください。
촛또 맛떼 쿠다사이

B : ここで 待^まって います。
고꼬데 맛떼 이마스

A : 잠깐 기다리세요.
B : 여기서 기다리고 있겠습니다.

표현늘리기

■ 기다리고 있어.

待^まってて。
맛떼떼

■ 잠깐 기다려.

ちょっと 待^まって。
촛또 맛떼

■ 여기서 기다려 주세요.

ここで お待^まち ください。
고꼬데 오마치 쿠다사이

■ 기다리고 있겠습니다.

お待^まち いたします。
오마치 이따시마스

■ 좀더 기다려주시지 않겠습니까?

もう 少し 待って くださいませんか。

모- 스코시 맛떼 쿠다사이마셍까

■ 여기서 기다리세요.

ここで 待ちなさい。

고꼬데 마치나사이

■ 조용히 해주세요.

静かに して ください。

시즈카니 시떼 쿠다사이

■ 이걸 봐 주세요.

これを ごらん ください。

고레오 고랑 쿠다사이

■ 다시 한 번 설명해 주세요.

もう 一度 説明して ください。

모- 이찌도 세쯔메-시테 쿠다사이

Tip

「待って います」는 직역하면 「기다리고 있습니다」이지만 기다리고 있겠다는 미래형 의지의 뜻입니다. 일본어 동사에는 미래형이 따로 없이 현재형이 미래형으로 쓰이기 때문에 현재형인지 미래형인지는 문맥을 통해 파악해야 합니다.

기본표현

A : ゆっくりなら 行っても いいでしょう。
육꾸리나라 잇떼모 이-데쇼-

B : いいえ、危ないから 行っては いけません。
이-에 아부나이카라 잇떼와 이케마셍

A : 천천히라면 가도 되겠지요?
B : 아니요, 위험하니까 가면 안됩니다.

표현늘리기

■ 담배를 피워도 됩니까?

タバコを 吸っても いいですか。
타바코오 슷데모 이-데스까

■ 사진을 찍어도 됩니까?

写真を 撮っても いいですか。
샤싱오 톳떼모 이-데스까

■ 창문을 열어도 되나요?

窓を 開けても いいですか。
마도오 아케떼모 이-데스까

■ 괜찮습니다. (허락하는 의미)

いいです。
이-데스

252

■ 네, 그러세요.

ええ、どうぞ。
에- 도-죠

■ 괜찮습니다.

かまいません。
카마이마셍

■ 안됩니다.

だめです。
다메데스

■ 유감스럽지만 안됩니다.

残念ながら だめです。
잔넨나가라 다메데스

■ 담배를 펴서는 안됩니다.

タバコを 吸っては いけません。
타바코오 슷떼와 이케마셍

■ 여기서 먹지 말아주세요.

ここで 食べないで ください。
고꼬데 타베나이데 쿠다사이

Tip

「～ても いい」는 「～해도 된다」는 허락·허가의 뜻이고 「～ては いけない」는 「～해서는 안된다」는 금지·중지·주의의 뜻으로 명령조의 느낌을 나타냅니다.

기본표현

A : この 本を 借りても いいですか。
고노 홍오 카리떼모 이-데스까

B : はい、どうぞ。
하이 도-죠

A : 이 책을 빌려도 됩니까?
B : 네, 그러세요.

표현늘리기

■ 펜 좀 집어주시지 않겠습니까?

ちょっと ペンを とって くださいませんか。
촛또 펭오 톳떼 쿠다사이마셍까

■ 그 사전 좀 빌려주세요.

ちょっと その 辞書を 貸して ください。
촛또 소노 지쇼오 카시떼 쿠다사이

■ 가능한 한 빨리 부탁합니다.

なるべく 早く おねがいします。
나루베꾸 하야꾸 오네가이시마스

■ 제게도 보여주세요.

わたしにも 見せて ください。
와따시니모 미세떼 쿠다사이

■ 알려주세요.

お知らせ ください。
오시라세 쿠다사이

■ 좀 도와주실래요?

ちょっと 手伝って もらえませんか。
촛또 테츠닷떼 모라에마셍까

■ 볼펜 좀 빌려주실 수 있어요?

ボールペンを 貸して いただけますか。
보-루펭오 카시떼 이타다케마셍까

■ 펜 좀 빌릴 수 있나요?

ペンを ちょっと お借り できますか。
펭오 촛또 오카리 데키마스까

■ 음료수를 좀 사다주시겠습니까?

飲み物を 買ってきて いただけませんか。
노미모노오 캇떼키떼 이타다케마셍까

■ 여기에 짐을 놔두세요.

ここに 荷物を 置いて ください。
고꼬니 니모쯔오 오이떼 쿠다사이

Tip

상대방이 어떤 부탁이나 요청을 해온 경우 허락을 한다면 「はい、どうぞ (네, 그러세요)」라고 말합니다.

기본표현

A : 早く 出発した ほうが いいでしょう。
하야꾸 슛빠츠시따 호-가 이-데쇼-

B : ええ、そうしましょう。
에- 소-시마쇼-

A : 빨리 출발하는 편이 낫겠지요?
B : 네, 그렇게 합시다.

표현늘리기

■ 준비해 두는 편이 좋겠지요?
準備して おいた ほうが いいでしょう。
쥼비시떼 오이따 호-가 이-데쇼-

■ 갈까요?
行きましょうか。
이키마쇼-까

■ 시간이 매우 빡빡합니다.
時間が とても きついです。
지캉가 도떼모 키쯔이데스

■ 그렇게 하자.
その とおりに しよう。
소노 토-리니 시요-

■ 버스로 가는 편이 빠릅니다.

バスの ほうが 早いです。

바스노 호-가 하야이데스

■ 이제 그만 돌아가는 게 좋겠지요?

もう 帰った ほうが いいでしょう。

모- 카엣따 호-가 이-데쇼-

■ 빨리 자는 게 좋아.

早く 寝た ほうが いいよ。

하야꾸 네타 호-가 이-요

■ 좀 서두르는 게 좋겠지요?

ちょっと 急いだ ほうが いいでしょう。

촛또 이소이다 호-가 이-데쇼-

■ 전철로 가는 편이 빠를 것 같습니다만.

電車で 行った ほうが 早いと 思いますが。

덴샤데 잇따 호-가 하야이또 오모이마스가

■ 몸 상하지 않도록 충분히 쉬는 게 좋다.

体 壊さないように ゆっくり 休んだ ほうが いい。

카라다 코와사나이요-니 육꾸리 야슨다호-가 이이

Tip

「~でしょう」는 「~だろう」의 회화체라고 할 수 있습니다. 동의를 구하거나 말을 좀 더 부드럽게 할 때 많이 사용되며 동의를 구할 때 쓰이는 경우에는 억양이 위로 올라갑니다.

기본표현

A : もう 一度 言って ください。
모- 이찌도 잇떼 쿠다사이

B : 山田太郎です。
야마다타로-데스

A : 다시 한 번 말해 주세요.
B : 야마다 타로입니다.

표현늘리기

■ 잘 들리지 않습니다.

よく 聞こえません。
요꾸 키코에마셍

■ 좀더 큰소리로 말해 주세요.

もっと 大きい 声で 言って ください。
못또 오-키- 코에데 잇떼 쿠다사이

■ 다시 한 번 설명해 주세요.

もう 一度 説明して ください。
모- 이찌도 세쯔메-시떼 쿠다사이

■ 알겠습니다.

わかりました。
와카리마시따

■ 죄송합니다만, 다시 한 번 부탁드립니다.

恐れ入りますが、もう 一度 お願いします。

오소레이리마스가 모- 이찌도 오네가이시마스

■ 다시 한 번 말씀해 주시겠습니까?

もう 一度 おっしゃって いただけますか。

모- 이찌도 옷샷떼 이타다케마스까

■ 좀더 천천히 이야기해 주세요.

もっと ゆっくり 話して ください。

못또 육꾸리 하나시떼 쿠다사이

■ 너무 빨라서 알아듣지 못했습니다.

早すぎて 聞き取れませんでした。

하야스기떼 키키토레마센데시따

■ 좀더 크게 말씀해 주세요.

もう 少し 大きな 声で 話して ください。

모- 스코시 오-키나 코에데 하나시떼 쿠다사이

■ 뭐라고 하셨습니까?

何と おっしゃいましたか。

난또 옷샤이마시타까

Tip

「~て ください(~해 주세요)」는 일본어 학습자들이 많이 접하는 표현양식이지만 명령조의 느낌을 가지고 있기 때문에 손윗사람에게는 좀 무례하게 들릴 수 있는 말입니다. 이보다는 「~て くださいませんか(~해 주시지 않겠어요?)」가 부드러운 어감을 갖고 있습니다.

기본표현

A : シャッターを 押して もらえますか。
샷타-오 오시떼 모라에마스까

B : はい、いいですよ。
하이 이-데스요

A : 셔터를 눌러주시겠습니까?
B : 네, 좋아요.

표현늘리기

■ 비디오 촬영을 해도 되나요?

ビデオを 回しても いいでしょうか。
비데오오 마와시떼모 이-데쇼-까

■ 같이 사진 찍지 않을래요?

一緒に 写真 とりませんか。
잇쇼니 샤싱 토리마셍까

■ 자, 웃으세요. 치즈!

じゃ、笑って ください。チーズ！
쟈 와랏떼 쿠다사이 치-즈

■ 나중에 보내드릴게요.

後で 送りますよ。
아또데 오쿠리마스요

■ 이 카메라에 필름을 끼워 주세요.

この カメラに フィルムを セットして ください。

고노 카메라니 휘르무오 셋또시테 쿠다사이

■ 사진을 찍어주시겠습니까?

写真を 撮って くれませんか。

샤싱오 톳떼 쿠레마셍까

■ 어디에서 필름을 살 수 있습니까?

どこで フィルムが 買えますか。

도코데 휘르무가 카에마스까

■ 셔터를 누르기만 하면 됩니다.

シャッターを 押すだけで いいです。

샷타-오 오스다케데 이-데스

■ 전부 인화해 주세요.

全部 現象して ください。

젬부 겐조-시떼 쿠다사이

■ 이 사진을 확대하고 싶은데요.

この 写真を 引き伸ばしたいんですが。

고노 샤싱오 히키노바시따인데스가

Tip

「〜して もらえますか」는 「〜해 주시겠습니까?」의 표현입니다. 「〜して くれませんか」라고도 합니다.

기본단어

待つ	마쯔	기다리다
静かだ	시즈카다	조용하다
ごらん	고랑	보심, '보다(見る)'의 높임말
説明	세쯔메-	설명
ゆっくり	육쿠리	천천히, 느긋하게
危ない	아부나이	위험하다, 위태롭다
たばこ	타바코	담배
吸う	스우	들이마시다, 빨다
写真	샤싱	사진
撮る	토루	(사진을) 찍다
窓	마도	창, 창문
開ける	아케루	열다
閉める	시메루	닫다
食べる	타베루	먹다
かまう	카마우	상관하다, 개의하다, 마음쓰다
残念	잔넨	유감스러움, 아쉬움
ながら	나가라	～면서, ～지만, ～데도
だめ	다메	불가함, 해서는 안 됨
辞書	지쇼	사전
借りる	카리루	빌리다
貸す	카쓰	빌려 주다
なるべく	나루베꾸	되도록, 가능한 한

見せる	미세루	보여주다, 보이다, 보도록 하다
知らせる	시라세루	알리다, 통지하다
手伝う	테쯔다우	도와주다, 거들다
教える	오시에루	가르치다
あげる	아게루	(내가 남에게) 주다
くれる	쿠레루	(남이 나에게) 주다
くださる	쿠다사루	주시다
もらう	모라우	받다, 얻다
いただく	이타다꾸	'もらう'의 겸사말. 얻다, 받다
準備	즘비	준비
急ぐ	이소구	서두르다
壊す	코와스	부수다, 깨뜨리다
寝る	네루	잠자다, 눕다
とおり	토오리	그대로
きつい	키쯔이	빡빡하다, 엄하다, 고되다
聞こえる	키코에루	(소리가) 들리다
声	코에	목소리, 소리
聞き取る	키키토루	알아듣다, 청취하다
恐れ入る	오소레이루	죄송해하다, 황송해하다
おっしゃる	옷샤루	말씀하시다
押す	오스	누르다, 밀다
現像	겐조-	(필름) 현상
引き伸ばす	히키노바스	(사진을) 확대하다

일본의 정원

일본의 정원에는 크고 작은 나무뿐 아니라 바위, 모래, 인공 언덕, 연못 등이 예술적으로 사용됩니다. 기하학적으로 배치된 서양식의 정원에 비해 일본의 정원은 가능한 한 인공적인 요소를 배제하여 자연에 가까운 경관을 조성합니다.

일본의 정원들 중에는 독특한 방식으로 꾸민 것들이 많은데 그 중 가레산스이(枯れ山水)식 정원은 물이 없이 흰 모래와 돌로 바다와 물을 표현하는 방식으로, 교토의 료안지(竜安寺)가 유명합니다. 료안지의 정원에는 각기 다른 모양을 한 15개의 돌이 5, 2, 3, 2, 3개로 무리지어 있는데 어느 위치에서 보아도 15개 중 1개는 항상 보이지 않는다고 합니다. 이것은 충분하지 않더라도 적당한 선에서 만족할 줄 알아야 한다는 선종의 가르침과 함께 인간의 힘으로는 모두 파악할 수 없는 우주를 표현하고 있습니다.

일본의 정원은 단순히 실용적인 휴식공간이 아닌 아름다움을 발견하고 적극적으로 즐기게 해주는 하나의 예술작품처럼 느껴집니다. 정원의 외형적인 구조를 살펴보는 것과 아울러 그 속에 담긴 일본인들의 미의식, 사상성 등이 잘 담긴 것이 일본의 정원입니다.

제 **13** 장

여러가지 표현

기본표현

A : あの 太って いる 人は どなたですか。
아노 후톳떼 이루 히토와 도나타데스까

B : 文子さんです。
후미코산데스

A : 저 뚱뚱한 사람은 누구입니까?
B : 후미코씨입니다.

표현늘리기

■ 케이코씨는 말랐습니다.
恵子さんは やせて います。
케-코상와 야세떼 이마스

■ 저는 케이코씨보다 뚱뚱합니다.
わたしは 恵子さんより 太って います。
와따시와 케-코상요리 후톳떼 이마스

■ 이토 씨는 키가 큽[작습]니다.
伊藤さんは 背が 高い[低い]です。
이토-상와 세가 다카이[히꾸이]데스

■ 신장은 1미터 60센티입니다.
身長は 1メートル 60センチです。
신쬬-와 이치메-토루 로꾸줏센치데스

■ 체중은 50킬로입니다.

体重は　５０キロです。

타이쥬-와 고죽키로데스

■ 키는 어느 정도 됩니까?

背は　どのくらい　ありますか。

세와 도노쿠라이 아리마스까

■ 마쓰모토 씨는 스타일이 좋습니다.

松本さんは　スタイルが　いいです。

마쯔모토상와 스타이루가 이-데스

■ 그는 매일 운동을 해서 몸이 튼튼합니다.

彼は　毎日　運動して　体が　丈夫です。

카레와 마이니찌 운도-시떼 카라다가 죠-부데스

■ 그녀의 얼굴은 눈처럼 하얗습니다.

彼女の　顔は　雪のように　白いです。

카노죠노 카오와 유키노요-니 시로이데스

■ 저기 날씬하고 키가 큰 사람이 우리 형입니다.

あの　細くて　背の　高い人が　うちの　兄です。

아노 호소쿠떼 세노 다카이히토가 우찌노 아니데스

Tip

「뚱뚱하다, 마르다」 등의 표현은 「～て　いる」형을 취합니다.

A : おなかが 空きましたね。

오나까가 스키마시따네

B : ええ、とっても。

에— 돗떼모

A : 배고프지요?
B : 네, 무척.

표현늘리기

■ 목이 마릅니다.

のどが 渇いて います。

노도가 카와이떼 이마스

■ 배가 고픕니다.

おなかが 減って います。

오나카가 헷떼 이마스

■ 배고프다.

お腹 すいた。

오나카 스이따

■ 실은 배고파 죽겠습니다.

実は ぺこぺこなんです。

지쯔와 뻬꼬뻬꼬난데스

■ 화장실에 가고 싶습니다.

トイレに 行^いきたいです。

토이레니 이키따이데스

■ 되게 피곤해.

すっごく 疲^{つか}れた。

슷고꾸 쯔카레따

■ 아, 졸리다.

ああ、眠^{ねむ}い。

아- 네무이

■ 졸려서 하품을 합니다.

眠^{ねむ}たくて あくびを します。

네무타쿠떼 아쿠비오 시마스

■ 지금 방귀 뀌었죠?

今^{いま}、おなら しましたよね。

이마 오나라 시마시타요네

Tip

「배가 고프다」의 관용구는 「おなかが すく[減(へ)る]」이며 반대로 「배가 부르다」는 「おなかが いっぱいだ」입니다. 「とっても」나 「すっごく」는 촉음 「っ」가 붙어 그 뜻을 더욱 강조하는 말입니다.

기본표현

A : 体の 具合が 悪くて 入院して いました。
카라다노 구아이가 와루쿠떼 뉴-인시떼 이마시따

B : お元気に なられて よかったですね。
오겡끼니 나라레떼 요캇따데스네

A : 몸이 안 좋아서 입원해 있었습니다.
B : 건강해져서 다행이군요.

표현늘리기

■ 한숨 놓았습니다.

ほっと しました。
홋또 시마시타

■ 몸은 어떠세요?
体の 調子は どうですか。
카라다노 쵸-시와 도-데스까

■ 조금[많이] 나아졌습니다.
少し[だいぶ] よく なりました。
스코시[다이부] 요쿠 나리마시따

■ 몸조심하세요.
体 お大事に。
카라다 오다이지니

■ 안색이 안 좋군요.

顔色が よくないですね。
かおいろ
카오이로가 요꾸나이데스네

■ 기운이 없어 보이네요.

元気 なさそうですね。
げん き
겡끼 나사소-데스네

■ 어디 아프세요?

どこか 悪いんですか。
わる
도코까 와루인데스까

■ 어떻게 된 겁니까?

どうか しましたか。
도-카 시마시타까

■ 이제 괜찮습니다.

もう 大丈夫です。
だいじょうぶ
모- 다이죠-부데스

■ 좀 쉬는 게 어때요?

少し 休んだら どうですか。
すこ やす
스코시 야슨다라 도-데스까

■ 빨리 나으면 좋겠네요.

早く 良くなると いいですね。
はや よ
하야쿠 요쿠나루또 이-데스네

기본표현

A : 急がないと 間に 合いません。
이소가나이또 마니 아이마셍

B : じゃ、がんばってね。
쟈 감밧떼네

A : 서두르지 않으면 시간에 대지 못하겠습니다.
B : 자, 힘내요.

표현늘리기

■ 힘내(열심히 해)!

がんばれ！
감바레

■ 힘내세요.

頑張って ください。
감밧떼 쿠다사이

■ 용기를 내.

勇気を 出して。
유-키오 다시떼

■ 실망하지 마.

がっかり しないで。
각까리 시나이데

■ 딱하게 됐습니다.

お気の毒です。

오키노도쿠데스

■ 유감이네요.

残念ですね。

잔넨데스네

■ 그렇게 낙심하지 마세요.

そんなに 気を 落とさないで ください。

손나니 키오 오토사나이데 쿠다사이

■ 너무 슬퍼하지 마세요.

そんなに 悲しまないで ください。

손나니 카나시마나이데 쿠다사이

■ 기회는 얼마든지 있으니까요.

チャンスは いくらでも ありますから。

찬스와 이쿠라데모 아리마스까라

■ 긍정적으로 생각하세요.

前向きに 考えなさい。

마에무키니 캉가에나사이

■ 신경쓰지 마.

気に しないでね。

키니 시나이데네

기본표현

A : これ わたしが 作ったんですが。
고레 와따시가 쯔쿳딴데스가

B : すごいですね。おいしそうだな。
스고이데스네 오이시소-다나

A : 이것 제가 만든 것입니다만.
B : 대단하군요. 맛있겠는걸.

표현늘리기

■ 대단하네요.

えらいですね。
에라이데스네

■ 훌륭하네요.

すばらしいですね。
스바라시-데스네

■ 과연.

なるほど。
나루호도

■ 역시 그렇군요.

やっぱりね。
얍빠리네

274

■ 마음에 듭니다.

気に 入って います。

키니 잇떼 이마스

■ 재미있는 분이시네요.

面白い 人ですね。

오모시로이 히토데스네

■ 매우 성실한 분이시네요.

すごく 真面目な 人ですね。

스고쿠 마지메나 히토데스네

■ 정말 친절하시네요.

本当に 親切ですね。

혼또-니 신세쯔데스네

■ 수단이 꽤 좋으시네요.(꽤 유능하시네요)

大変な 腕利きですね。

타이헨나 우데키키데스네

■ 훌륭합니다.

お見事です。

오미고또데스

Tip

어떤 사건이나 상황을 두고 감탄할 때는 「すごい」라는 말을 가장 많이 씁니다. 「えらい」도 비슷한 말입니다.

A : うわっ、しまった。
우왓 시맛따

B : どうしたんですか。
도-시탄데스까

A : 아, 큰일났디!
B : 왜 그러는데요?

표현늘리기

■ 아, 큰일이다.

あれ、たいへんだ。
아레 타이헨다

■ 정말 싫어요.

本当に いやですね。
혼또-니 이야데스네

■ 졌다 졌어. (질린다는 뜻)

まいっちゃった。
마잇찻따

■ 시시해!

つまらない！
쯔마라나이

276

■ 진정하세요.

落ち着いて ください。

오치쯔이떼 쿠다사이

■ 이젠 틀렸어.

もう おしまいだ。

모- 오시마이다

■ 어떡하지.

どうしよう。

도-시요-

■ 기가 막혀.

あきれた。

아키레따

■ 아, 놀랬어.

ああ、びっくりした。

아- 빅꾸리시타

■ 이제 지겨워.

もう うんざりだ。

모- 운자리다

■ 더 참을 수 없어.

もう 我慢できない。

모- 가만데키나이

기본단어

太る <ruby>ふと</ruby>	후토루	살찌다
やせる	야세루	여위다, 마르다
背 <ruby>せ</ruby>	세	키, 신장
身長 <ruby>しんちょう</ruby>	신쵸-	신장, 키
体重 <ruby>たいじゅう</ruby>	타이쥬-	체중
高い <ruby>たか</ruby>	다카이	높다, 크다
低い <ruby>ひく</ruby>	히꾸이	낮다, 작다
重い <ruby>おも</ruby>	오모이	무겁다
軽い <ruby>かる</ruby>	카루이	가볍다
細い <ruby>ほそ</ruby>	호소이	가늘다
スタイル	스타이루	스타일
より	요리	~보다
顔 <ruby>かお</ruby>	카오	얼굴
ぺこぺこ	뻬꼬뻬꼬	배가 몹시 고픔
トイレ	토이레	화장실
調子 <ruby>ちょうし</ruby>	쵸-시	상태, 컨디션
チャンス	찬스	찬스, 기회
だいぶ	다이부	상당히, 꽤
大事 <ruby>だいじ</ruby>	다이지	소중함, 중요함
顔色 <ruby>かおいろ</ruby>	카오이로	안색, 얼굴빛, 혈색
元気 <ruby>げんき</ruby>	겡끼	건강함, 활발함
悪い <ruby>わる</ruby>	와루이	나쁘다

大丈夫	다이죠-부	안전함, 걱정없음, 괜찮음
休む	야스무	쉬다, 휴식하다
勇気	유-키	용기
なるほど	나루호도	과연, 정말
やっぱり	얍빠리	과연, 정말
大変	타이헨	대단함, 굉장함
腕利き	우데키키	솜씨가 뛰어남
見事	미고또	멋지고 능란함, 완전함, 완벽함
しまい	시마이	끝, 마지막
信頼	신라이	신뢰
親切	신세쯔	친절
びっくり	빅꾸리	깜짝 놀람
まいる	마이루	(경기에서) 지다, 항복하다

보충단어

[외모]

かわいい	카와이-	귀엽다, 사랑스럽다
きれい	키레-	고움, 예쁨, 아름다움
愛くるしい	아이쿠루시-	매우 귀엽다, 사랑스럽다
丈夫	죠-부	건강함, 튼튼함
男らしい	오토코라시-	남자답다
女らしい	온나라시-	여자답다
格好いい	각꼬이-	멋지다

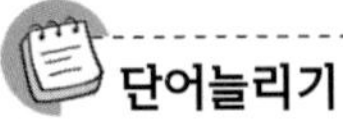

[생리적인 현상]

渇く	카와꾸	목이 마르다, 갈증이 나다
減る	헤루	허기지다, 배고프다
空く	스쿠	(속이) 비다, 공복이 되다
疲れる	쯔카레루	지치다, 피로해지다
眠い	네무이	졸리다, 졸음이 오다
あくび	아쿠비	하품
おなら	오나라	방귀
涙	나미다	눈물
汗	아세	땀
鼻水	하나미즈	콧물
咳	세키	기침
くしゃみ	쿠샤미	재채기
しゃっくり	샥쿠리	딸꾹질

[감정표현]

ほっと	홋또	긴장이 풀려 맘을 놓는 모양
がっかり	각까리	실망하는 모양
気の毒	키노도꾸	딱함, 안됨, 가엾음, 불쌍함
前向き	마에무키	긍정적인 생각이나 태도
考える	캉가에루	생각하다, 헤아리다
気を落とす	키오오토스	낙심하다
つまらない	쯔마라나이	시시하다, 하찮다
あきれる	아키레루	기가 막히다

280

うんざり	운자리	지긋지긋하게, 지겹게
我慢	가만	참음, 용서함, 봐줌
偉い	에라이	훌륭하다, 위대하다
素晴らしい	스바라시-	매우 훌륭하다, 멋있다, 굉장하다
気にする	키니스루	걱정하다, 마음에 두다
気に入る	키니이루	마음에 들다, 만족하다
真面目	마지메	진지함, 성실함
落ち着く	오치쯔쿠	안정되다, 진정되다
面白い	오모시로이	재미있다, 흥겹다, 즐겁다
楽しい	타노시-	즐겁다, 재미있다
嬉しい	우레시-	기쁘다
感動する	칸도-스루	감동하다
恥ずかしい	하즈카시-	부끄럽다, 창피하다
寂しい	사비시-	쓸쓸하다, 허전하다, 서운하다
悲しい	카나시-	슬프다, 애처롭다
悲しむ	카나시무	슬퍼하다
辛い	쯔라이	괴롭다, 고통스럽다
恐い	코와이	무섭다
好きだ	스키다	좋아하다
嫌いだ	키라이다	싫어하다
満足だ	만조쿠다	만족하다
残念だ	잔넨다	유감이다

マナー 매너

일본인들은 사람을 만났을 때 한국인만큼 악수를 자주 하는 편은 아닙니다. 그러나 만약 악수를 하게 되면 윗사람이 손을 먼저 내밀지 않는 한 아랫사람이 먼저 악수를 청하지 않는 것이 좋습니다. 여성과의 악수 역시 상대가 요구할 때까지 손을 내밀지 않습니다. 그리고 처음 만난 사람과 명함을 교환할 때는 양손으로 주고받는 것이 좋으며 받아놓은 상대방의 명함을 탁자 위에 건성으로 올려놓거나 명함에 이것저것 써넣는 행동은 결례됩니다.

또, 다른 사람의 사무실을 찾아갈 때는 사무실에 들어서기 전에 노크하는 것이 예의입니다. 그리고 상대방 앞에서 팔짱을 끼고 있는다거나 다리를 꼬고 앉는 것은 예의 없는 사람으로 보일 수 있으니 주의해야 하며, 자리에 앉을 때는 출입구에서 멀리 떨어져 있는 곳이 상석이라는 것을 알아두면 좋습니다.

제 14 장

쇼핑

1. 핸드백 있습니까?
2. 다른 색은 없나요?
3. 좀더 싸게 해주시지 않겠습니까?
4. 입어보세요.
5. 얼마입니까?
6. 이것으로 하겠습니다.

기본표현

A : ハンドバッグ ありますか。
한도박구 아리마스까

B : はい、こちらに あります。
하이 고치라니 아리마스

A : 핸드백 있습니까?
B : 네, 이쪽에 있습니다.

표현늘리기

■ 무엇을 찾으십니까?
何を お探しでしょうか。
나니오 오사가시데쇼-까

■ 여기서 스카프를 팝니까?
ここで スカーフを 売って いますか。
고꼬데 스카-후오 웃떼 이마스까

■ 양말은 어디서 팝니까?
くつしたは どこで 売って いますか。
구쯔시타와 도꼬데 웃떼 이마스까

■ 남성용입니까, 여성용입니까?
男性用ですか、女性用ですか。
단세-요-데스까 죠세-요-데스까

■ 될 수 있으면 심플한 것이 좋습니다.

なるべく シンプルなのが いいです。
나루베꾸 심푸루나노가 이-데스

■ 구두 매장은 어디입니까?

靴売り場は どこですか。
쿠쯔우리바와 도코데스까

■ 기념품을 사려고 합니다만.

おみやげを 買いたいんですが。
오미야게오 카이따인데스가

■ 이 근처에 백화점은 있습니까?

この 近くに デパートは ありますか。
고노 치카쿠니 데파-토와 아리마스까

■ 카메라는 어디서 살 수 있습니까?

カメラは どこで 買えますか。
카메라와 도꼬데 카에마스까

■ 어디 좋은 가게 좀 가르쳐 주세요.

どこか よい店を 教えてください。
도코까 요이미세오 오시에떼구다사이

Tip

일본은 쇼핑의 천국이라 할 만큼 쇼핑을 즐길 만한 곳이 많습니다. 긴자(銀座)를 비롯하여 신주쿠(新宿), 시부야(渋谷), 이케부쿠로(池袋), 우에노(上野) 등 수많은 상점과 백화점이 들어서 있습니다. 한 가지 유의할 사항은 모든 상품에 반드시 정찰가격이 붙어 있어서, 아키하바라(秋葉原) 전자상가 등 특수한 곳을 제외하고는 정찰가격을 깎을 수 없습니다.

  다른 색은 없나요?

기본표현

A : ほかの 色は ありませんか。

호카노 이로와 아리마셍까

B : 黒と 赤が ございます。

쿠로또 아카가 고자이마스

A : 다른 색은 없습니까?
B : 검정과 빨강이 있습니다.

표현늘리기

■ 잠깐 봐도 되나요?

少し 見ても いいですか。

스코시 미떼모 이-데스까

■ 다른 것이 있습니까?

ほかのは ありますか。

호카노와 아리마스까

■ 다른 것을 보여 주세요.

ほかの ものを 見せて ください。

호카노 모노오 미세떼 쿠다사이

■ 저걸 보여 주세요.

あれを 見せて ください。

아레오 미세떼 쿠다사이

■ 좀 작은 것은 없습니까?

<ruby>少<rt>すこ</rt></ruby>し <ruby>小<rt>ちい</rt></ruby>さいのは ありませんか。

스코시 치-사이노와 아리마셍까

■ 스커트 종류를 보여 주시지 않겠습니까?

スカートの ほうを <ruby>見<rt>み</rt></ruby>せて くださいませんか。

스카-토노 호-오 미세떼 쿠다사이마셍까

■ 좀더 수수한 건 없나요?

もう <ruby>少<rt>すこ</rt></ruby>し <ruby>地味<rt>じみ</rt></ruby>な ものは ありませんか。

모- 스코시 지미나 모노와 아리마셍까

■ 이거 어울려요?

これ <ruby>似合<rt>にあ</rt></ruby>いますか。

고레 니아이마스까

■ 이거랑 같은 건 없나요?

これと <ruby>同<rt>おな</rt></ruby>じものは ないですか。

고레또 오나지모노와 나이데스까

■ 이게 제일 잘 팔립니다.

これが <ruby>一番<rt>いちばん</rt></ruby> <ruby>売<rt>う</rt></ruby>れて います。

고레가 이찌방 우레떼 이마스

Tip

일본어로 대바겐세일은 「大安売(おおやすうり)」라고 합니다. 그리고 백화점이나 할인매장에서 상품을 한시적으로 싸게 팔 때 쓰는 '오늘의 초특가상품'이라는 말은 일본어로 「お買(かい)得品(どくひん)/今日(きょう)の 目玉(めだま)」라고 합니다.

기본표현

A : もっと 安く して いただけませんか。
못또 야스꾸 시떼 이타다케마셍까

B : それじゃ、2500円に お負けいたします。
소레쟈 니셍고-햐꾸엔니 오마케이따시마스

A : 좀더 싸게 해주시지 않겠습니까?
B : 그럼, 2500엔으로 깎아드리겠습니다.

표현늘리기

■ 좀 비싸네요.

ちょっと 高いですね。
춋또 다카이데스네

■ 생각보다 비싸네요.

思ったより 高いですね。
오못따요리 다카이데스네

■ 좀더 싼 것은 없습니까?

もっと 安いのは ありませんか。
못또 야스이노와 아리마셍까

■ 이것보다 싼 건 없나요?

これより 安いものは ありませんか。
고레요리 야스이모노와 아리마셍까

■ 할인할 수 있습니까?

割り引き できますか。

와리비키 데키마스까

■ 따로따로 팝니까?

ばら売り してますか。

바라우리 시테마스까

■ 각각 하나씩 주세요.

それぞれ 一個ずつ ください。

소레조레 익꼬즈쯔 쿠다사이

■ 봉투 좀 주세요.

袋を ください。

후쿠로오 쿠다사이

■ 좀 생각해 볼게요.

少し 考えてみます。

스코시 캉가에떼미마스

■ 돈이 모자라요.

お金が 足りません。

오카네가 타리마셍

Tip

물건의 값을 깎아달라고 할 때는「もっと まけて ください / もっと 安くして ください」라고 하면 됩니다. 또「べんきょうして ください」라는 말도 실생활에서 많이 쓰입니다.

기본표현

A : お<ruby>試<rt>ため</rt></ruby>し　ください。
오타메시 쿠다사이

B : うん。ぴったりだわ。
응 핏따리다와

A : 입어보세요.
B : 음, 딱 맞네요.

표현늘리기

■ 그냥 보는 것입니다.

<ruby>見<rt>み</rt></ruby>ている　だけです。
미떼이루 다케데스

■ 입어보세요.

<ruby>試着<rt>しちゃく</rt></ruby>してみて　ください。
시챠쿠시테미떼 쿠다사이

■ 입어봐도 됩니까?

<ruby>試着<rt>しちゃく</rt></ruby>しても　いいですか。
시챠쿠시떼모 이-데스까

■ 이 반지 껴봐도 되나요?

この　<ruby>指輪<rt>ゆびわ</rt></ruby>　<ruby>着<rt>つ</rt></ruby>けてみても　いいですか。
고노 유비와 쯔케테미떼모 이-데스까

■ 만져도 되나요?

さわっても 良いですか。
사왓떼모 요이데스까

■ 꽉 껴서 안 들어가요.

きつくて 入りません。
키쯔쿠떼 하이리마셍

■ 사이즈가 안 맞아요.

サイズが 合いません。
사이즈가 아이마셍

■ 너무 커요.

大きすぎます。
오-키스기마스

■ 너무 화려한 것 같아요.

派手すぎるような 感じが します。
하데스기루요-나 칸지가 시마스

■ 잘 어울리시네요.

よく お似合いですね。
요꾸 오니아이데스네

Tip

한국에서는 옷이나 구두 사이즈를 인치나 밀리미터(mm) 단위로 말하지만 일본에서는 모두 센티미터(cm)로 말합니다. cm는 일본어로 「センチ」라고 합니다. 따라서 265mm의 신발을 사려면 「26.5cm(にじゅうろくてんごせんち)」라고 해야 합니다.

기본표현

A : いくらですか。
이쿠라데스까

B : ５千円です。
고셍엔데스

A : 얼마입니까?
B : 5천 엔입니다.

표현늘리기

■ 이것 하나에 얼마입니까?

これ ひとつ いくらですか。
고레 히토쯔 이쿠라데스까

■ 전부 얼마입니까?

全部で いくらですか。
젬부데 이쿠라데스까

■ 이 카드 쓸 수 있습니까?

この カードは 使えますか。
고노 카-도와 쯔카에마스까

■ 얼마입니까?

いくらに なりますか。
이쿠라니 나리마스까

292

■ 이건 가격이 어떻게 돼요?

こちらの 値段は。

고치라노 네당와

■ 소비세 포함입니까?

消費税込みですか。

쇼-히제-코미데스까

■ 세일기간은 언제까지입니까?

セール期間は いつまでですか。

세-루키캉와 이쯔마데데스까

■ 면세점은 어디에 있습니까?

免税店は どこに ありますか。

멘제-텡와 도코니 아리마스까

■ 지금 품절입니다.

今 品切れで ございます。

이마 시나기레데 고자이마스

■ 다 팔렸습니다.

全部 売れて しまいました。

젬부 우레떼 시마이마시따

Tip

품절이라는 말은 이외에도 「〜は 売(うり)り切(き)れです/ただいま 切(き)らして おります」 등이 있습니다.

A : これは いかがでしょうか。
고레와 이카가데쇼-까

B : いいですね。じゃ、これに します。
이-데스네 쟈 고레니 시마스

A : 이건 어떻습니까?
B : 좋네요. 자, 이것으로 하겠습니다.

표현늘리기

■ 선물이니까 포장해 주세요.

プレゼントですから 包装して ください。
프레젠또데스까라 호-소-시떼 쿠다사이

■ 보증서는 있습니까?

保証書は ありますか。
호쇼-쇼와 아리마스까

■ 여기 영수증입니다.

こちら 領収書です。
고치라 료-슈-쇼데스

■ 계산은 따로따로 해주세요.

支払いは 別々で おねがいします。
시하라이와 베쯔베쯔데 오네가이시마스

294

- 거스름돈이 모자라요.

おつりが 足（た）りません。

오쯔리가 타리마셍

- 거스름돈이 틀려요.

おつりが 違（ちが）います。

오쯔리가 치가이마스

- 바꿔주실 수 있나요?

取（と）り替（か）えて いただけますか。

토리카에떼 이타다케마스까

- 교환 가능한가요?

交換（こうかん） できますか。

코-칸 데키마스까

- 반품하고 싶은데요.

返品（へんぴん）したいんですが。

헴삔시타인데스가

- 환불 받고 싶은데요.

払（はら）い戻（もど）し したいんですが。

하라이모도시 시타인데스가

Tip

물건값을 레지스터로 계산해서 나오는 영수증을 「レシート」라고 합니다. 「領収証(りょうしゅうしょう)」는 그것과 별도로 손으로 써주는 영수증을 말합니다. 물건을 반품하거나 환불 받고 싶을 때에는 「レシート」만 있으면 됩니다.

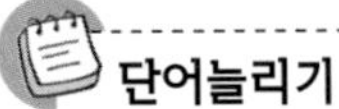 단어늘리기

探す	사가스	찾다
試着	시챠쿠	(옷이 맞는지) 입어 봄
試し	타메시	시험, 시도
触る	사와루	닿다, 건드리다, 만지다
サイズ	사이즈	사이즈, 크기, 치수
小さい	치-사이	작다
大きい	오-키-	크다
長い	나가이	길다
短い	미지카이	짧다
合う	아우	맞다, 일치하다
似合う	니아우	어울리다, 잘 맞다
ぴったり	핏따리	꼭 맞음, 딱 맞음
きつい	키쯔이	꼭 끼다, 빽빽하다
だぶだぶ	다부다부	옷이 헐렁한 모양, 헐렁헐렁
過ぎる	스기루	(정도가) 지나치다
派手	하데	화려함, 화사함, 야함
地味	지미	수수함, 검소함
シンプル	심푸루	단순함, 간단함
デパート	데파-또	백화점
店	미세	가게, 상점
売り場	우리바	매장
市場	이찌바	시장

296

なるべく	나루베꾸	가급적, 가능한 한
使う	쯔카우	쓰다, 사용하다
使える	쯔카에루	쓸 수 있다, 쓸 만하다
お土産	오미야게	선물
セール	세-루	세일
期間	키캉	기간
お買い得品	오카이도꾸힝	초특가상품
いくら	이쿠라	얼마
買う	카우	사다
見せる	미세루	보이다, 보도록 하다
同じ	오나지	같음, 동일함
一番	이찌방	첫째, 맨 처음
売れる	우레루	팔리다
品切れ	시나기레	품절, 매진
売り切れ	우리키레	품절, 매진
高い	다카이	(값이) 비싸다, 높다, 크다
安い	야스이	(값이) 싸다
割り引き	와리비끼	할인, 값을 깎음
負ける	마케루	값을 깎아 주다
包む	쯔쯔무	싸다, 두르다
袋	후쿠로	주머니, 자루, 봉지
保証書	호쇼-쇼	보증서
包装	호-소-	포장
レシート	레시-토	영수증

領収書 (りょうしゅうしょ)	료-슈-쇼	영수증
支払い (しはら)	시하라이	지불, 지급
別々 (べつべつ)	베쯔베쯔	제각기, 따로따로
ばら売り (う)	바라우리	낱개로 팖
ずつ	즈쯔	～씩
それぞれ	소레조레	각각
足りる (た)	타리루	충분하다, 족하다
カード	카-도	카드
現金 (げんきん)	겡낑	현금
お金 (かね)	오카네	돈
値段 (ねだん)	네단	값, 가격
消費税 (しょうひぜい)	쇼-히제-	소비세
おつり	오쯔리	잔돈, 거스름돈
取り替える (と か)	토리카에루	교환하다, 바꾸다
交換 (こうかん)	코-칸	교환
返品 (へんぴん)	헴삥	반품
払い戻し (はら もど)	하라이모도시	환불

보충단어

[의복]

ズボン	즈봉	바지
パンツ	판츠	바지
ジーパン	지-판	청바지

スカート	스카―토	치마
コート	코―또	코트
ジャケット	쟈켓또	재킷
スーツ	수―쯔	슈트, 양복
上着 (うわぎ)	우와기	겉옷, 상의
下着 (したぎ)	시타기	속옷

[물품 · 액세서리]

財布 (さいふ)	사이후	지갑
帽子 (ぼうし)	보―시	모자
ネクタイ	네쿠타이	넥타이
ベルト	베루또	벨트
スカーフ	스카―후	스카프
バック	박꾸	백, 가방
靴 (くつ)	쿠쯔	신발, 구두
靴下 (くつした)	쿠쯔시타	양말
アクセサリー	아쿠세사리―	액세서리
イヤリング	이야링구	귀걸이
指輪 (ゆびわ)	유비와	반지
ネックレス	넥크레스	목걸이
ブレスレット	브레스렛또	팔찌

花火 _{はなび} 불꽃놀이

일본의 여름은 불꽃놀이로 시작된다고 해도 과언이 아닐 정도로 전국 곳곳에서 크고 작은 하나비 대회가 열립니다. 그 중 가장 이름난 대회인 도쿄의 스미다가와(隅田川) 대회는 약 2만 발의 불꽃이 발사되며 해마다 90만 명의 인파가 몰린다고 합니다.

남녀 할 것 없이 예쁘게 수놓인 유카타(浴衣)를 입고 게다(下駄)를 신고 불꽃놀이를 즐기며, 더 좋은 자리에서 보기 위해 새벽부터 자리를 잡아놓기까지 합니다. 주변에는 노점(屋台)들이 늘어서서 야키소바, 다코야키와 같은 각종 음식들을 팝니다.

불꽃의 종류도 다양해서 하트 모양이나 나이아가라 폭포 모양을 본뜬 불꽃 등 해마다 새로운 불꽃모양들이 쏟아져 나와 눈과 귀를 즐겁게 해 줍니다.

일본인들은 불꽃이 피어올라 활짝 피는 순간을 즐기며, 그 뒤 순식간에 사라져 버리는 불꽃을 보면서 감탄사를 자아냅니다. 순간의 아름다움과 질 때의 그 흩날림, 정적들을 중요하게 생각합니다. 이는 단 한 번의 승부로 모든 것을 해결하는 일본의 무사도 정신이 일본인의 정서 속에 깊이 남아 있기 때문이라고 할 수 있습니다.

제 **15** 장

식사·음주

1. 메뉴 좀 주세요.
2. 주문하시겠어요?
3. 우동 주세요.
4. 따뜻한 물도 한잔 가져다 주세요.
5. 제가 한잔 따라 드리지요.
6. 단골 술집은 있습니까?
7. 매운 것을 좋아하세요?
8. 계산해 주세요.

기본표현

A : いらっしゃいませ。
이랏샤이마세

B : メニューを おねがいします。
메뉴-오 오네가이시마스

A : 어서 오십시오.
B : 메뉴 좀 주세요.

표현늘리기

■ 여섯시에 예약했습니다만, 확인해 주시겠습니까?
６時に 予約したんですが、確認して いただけますか。
로꾸지니 요야꾸시탄데스가 가쿠닌시떼 이타다케마스까

■ 거기는 예약석입니다.
そこは 予約席です。
소코와 요야꾸세키데스

■ 창가 자리로 부탁합니다.
窓側の 席で おねがいします。
마도가와노 세키데 오네가이시마스

■ 지금 만석입니다.
いま 満席で ございます。
이마 만세키데 고자이마스

■ 기다리시겠습니까?

お待ちに なりますか。
오마치니 나리마스까

■ 어느 정도 기다려야 합니까?

どの くらい 待ちますか。
도노 쿠라이마치마스까

■ 오래 기다리셨습니다.

お待たせしました。
오마타세시마시따

■ 메뉴 보여주세요.

メニューを 見せて ください。
메뉴-오 미세떼 쿠다사이

■ 이 식당의 추천 요리는 뭡니까?

この 食堂の お勧め料理は 何ですか。
고노 쇼쿠도-노 오스스메료-리와 난데스까

■ 인기 메뉴가 뭡니까?

人気メニューは 何ですか。
닝끼메뉴-와 난데스까

Tip

한국의 커피 전문점 중에는 식사류를 파는 곳이 그다지 많지 않지만 일본은 거의 모든 곳에서 토스트나 카레라이스와 같은 간단한 식사메뉴를 내놓고 있습니다.

기본표현

A : ご注文 なさいますか。
고쥬-몽 나사이마스까

B : ウィスキーの 水割を ください。
우이스키-노 미즈와리오 쿠다사이

A : 주문하시겠어요?
B : 위스키에 물과 얼음을 넣어 주세요.

표현늘리기

■ 음료수는 어떤 것이 있습니까?
飲み物は 何が ありますか。
노미모노와 나니가 아리마스까

■ 붉은 와인을 주세요.
赤ワインを おねがいします。
아카와잉오 오네가이시마스

■ 맥주 한 병 주세요.
ビール 一本 ください。
비-루 입뽕 쿠다사이

■ 닭꼬치구이와 어묵을 주세요.
焼き鳥と おでん ください。
야키토리또 오뎅 쿠다사이

■ 안주는 뭘로 드시겠습니까?

おつまみは 何に なさいますか。

오쯔마미와 나니니 나사이마스까

■ 저는 소주로 하겠습니다.

わたしは 焼酎に します。

와따시와 쇼-츄-니 시마스

■ 우롱차 주세요.

ウーロン茶を ください。

우-롱챠오 쿠다사이

■ 홍차 한잔 주세요.

紅茶 一杯 ください。

코-챠 입빠이 쿠다사이

■ 맥주와 야키소바 주세요.

ビールと やきそば ください。

비-루또 야끼소바 쿠다사이

■ 커피 리필 되나요?

コーヒーの お代りは できますか。

코-히-노 오카와리와 데키마스까

Tip

「すみません」은 원래 상대에게 폐를 끼쳤다거나 잘못에 대한 사죄의 기분을 나타낼 때 쓰이는 말이지만, ①가게 · 음식점 같은 곳에서 종업원을 부를 때나 ②모르는 사람에게 말을 걸 때에도 사용됩니다.

A : 何に なさいますか。
나니니 나사이마스까

B : うどんを ください。
우동오 쿠다사이

A : 무엇으로 하시겠습니까?
B : 우동 주세요.

표현늘리기

■ 몇 분이십니까?
何名さまでしょうか。
남메-사마데쇼-까

■ 요리가 아직 안 나왔는데요.
料理が まだ 出ないんですが。
료-리가 마다 데나인데스가

■ 스키야키와 샤부샤부가 있습니다.
すき焼きと しゃぶしゃぶが ございます。
스키야끼또 샤부샤부가 고자이마스

■ 면 종류는 있습니까?
麺類は ありますか。
멘루이와 아리마스까

306

■ 초밥이 먹고 싶습니다.

寿司が 食べたいです。

스시가 타베따이데스

■ 얼마나 걸리나요?

どのくらい かかりますか。

도노쿠라이 가카리마스까

■ 이걸로 주세요.

これを ください。

고레오 쿠다사이

■ 같은 걸로 부탁해요.

同じもので おねがいします。

오나지모노데 오네가이시마스

■ 여기서 드실 건가요? (패스트푸드점에서)

ここで お召し上がりですか。

고꼬데 오메시아가리데스까

■ 가져가실 건가요? (패스트푸드점에서)

お持ち帰りですか。

오모치카에리데스까

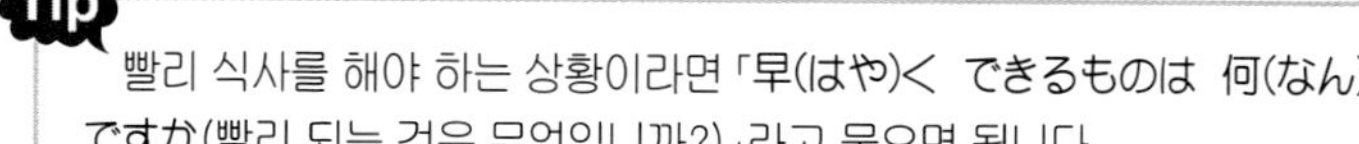

빨리 식사를 해야 하는 상황이라면 「早(はや)く できるものは 何(なん)
ですか(빨리 되는 것은 무엇입니까?)」라고 물으면 됩니다.

기본표현

A : お湯も 一杯 お願いします。
오유모 입빠이 오네가이시마스

B : はい、かしこまりました。
하이 카시코마리마시따

A : 따뜻한 물도 한잔 가져다 주세요.
B : 네, 알겠습니다.

표현늘리기

■ 젓가락을 떨어뜨렸습니다.

箸を 落として しまいました。
하시오 오토시떼 시마이마시따

■ 디저트는 무엇이 있습니까?

デザートは 何が ありますか。
데자-또와 나니가 아리마스까

■ 먹는 법을 가르쳐 주세요.

食べ方を 教えて ください。
타베카따오 오시에떼 쿠다사이

■ 맛은 어때요?

お味は どうですか。
오아지와 도-데스까

■ 덜어 먹는 접시를 주실 수 있습니까?

取り皿を いただけますか。

토리자라오 이타다케마스까

■ 재떨이 좀 갖다 주시겠어요?

灰皿を 持って きて いただけませんか。

하이자라오 못떼 키떼 이타다케마셍까

■ 냅킨 주세요.

ナプキンを おねがいします。

나프킹오 오네가이시마스

■ 뭐가 들어가 있는데요.

何か 入ってますけど。

나니까 하잇떼마스케도

■ 식탁 좀 치워주시겠어요?

もう 下げて いただけますか。

모– 사게떼 이타다케마스까

■ 물수건 하나 더 주세요.

おしぼり もう一本 ください。

오시보리 모–입뽕 쿠다사이

Tip

일본인은 찬물과 따뜻한 물을 구분하여 말합니다. 찬물은 「お水(みず)/ おひや」, 따뜻한 물은 「お湯(ゆ)」라고 합니다.

309

A : わたしが 一杯 お注ぎしましょう。

와따시가 입빠이 오쯔기시마쇼-

B : ありがとうございます。

아리가또- 고자이마스

A : 제가 한잔 따라 드리지요.
B : 감사합니다.

표현늘리기

■ 가볍게 한 잔 어떻습니까?

かるく 一杯 どうですか。

카루꾸 입빠이 도-데스까

■ 건배!

乾杯！

감빠이

■ 건배할까요?

乾杯 しましょうか。

감빠이 시마쇼-까

■ 술이 센 것 같군요.

お酒 強そうですね。

오사케 쯔요소-데스네

■ 반만 주세요.

半分だけ ください。
함분다께 쿠다사이

■ 조금 더 드실래요?

もう 少し いかがですか。
모- 스코시 이카가데스까

■ 한잔 더 하세요.

もう 一杯 どうぞ。
모- 입빠이 도-죠

■ 이제 됐습니다.

もう けっこうです。
모- 겟꼬-데스

■ 이 이상은 못 마십니다.

これ 以上は 飲めません。
고레 이죠-와 노메마셍

■ 취했습니다.

よっぱらいました。
욥빠라이마시타

Tip

「メニュー」라는 말 외에「献立(こんだて);차림표」라는 일본어도 있기는
합니다만, 요즘 일본 젊은이들은 별로 이 말을 쓰지 않으며 레스토랑 같은
곳에서「夕食(ゆうしょく)の 献立(こんだて)」등으로는 씁니다.

기본표현

A：行きつけの 飲み屋は ありますか。
이키쯔케노 노미야와 아리마스까

B：特には ないんですけど。
토쿠니와 나인데스케도

A : 단골 술집은 있습니까?
B : 특별히는 없습니다만.

표현늘리기

■ 술을 좋아하세요?
お酒は 好きなほうですか。
오사케와 스키나호–데스까

■ 한번에 어느 정도 드십니까?
一回 どれくらい 飲みますか。
익까이 도레쿠라이 노미마스까

■ 술은 못합니다.
お酒は だめです。
오사케와 다메데스

■ 술은 못 마십니다.
お酒は 飲めません。
오사케와 노메마셍

312

■ 술은 어느 정도 마십니까?

お酒は どのくらい 飲みますか。
오사케와 도노쿠라이 노미마스까

■ 얼마나 자주 마시러 가세요?

どのくらい 飲みに 行きますか。
도노쿠라이 노미니 이키마스까

■ 숙취는 없습니까?

二日酔いは しませんか。
후쯔카요이와 시마셍까

■ 저는 술을 끊었습니다.

私は お酒を やめました。
와따시와 오사케오 야메마시따

■ 술값은 누가 계산합니까?

飲み代は だれが 払いますか。
노미다이와 다레가 하라이마스까

■ 각자 부담으로 합니다.

割り勘に して います。
와리칸니 시떼 이마스

Tip

일본의 맥주는 잔 단위로 파는 것이 일반적입니다. 그리고 소주에 과일 즙이나 녹차 · 우롱차 등을 섞은 술이 많은데, 술맛이 세지 않고 마치 과일 주스와 같은 맛이 나서 부담이 적기 때문에 여성들에게 큰 인기입니다.

기본표현

A : 辛い物のほうは 好きですか。

카라이모노노호-와 스키데스까

B : ええ、好きです。

에- 스키데스

A : 매운 것을 좋아하세요?
B : 네, 좋아합니다.

표현늘리기

■ 깔끔한 맛이군요.

さっぱりした 味ですね。

삽빠리시타 아지데스네

■ 조금 싱겁습니다.

少し うすいです。

스코시 우스이데스

■ 아주 맛이 담백합니다.

すごく 淡泊な 味です。

스고쿠 담파꾸나 아지데스

■ 기름진 것은 좋아하지 않습니다.

脂っこい ものは 好きでは ありません。

아부락꼬이 모노와 스키데와 아리마셍

314

■ 맛있네요.

おいしいですね。
오이시-데스네

■ 맛있다!

うまい！
우마이

■ 맛이 좋군요.

すごく いい味ですね。
스고꾸 이-아지데스네

■ 맛이 진하군요.

味が 濃いですね。
아지가 코이데스네

■ 좀 짜요.

少し 塩辛いです。
스코시 시오카라이데스

■ 이건 너무 맵군요.

これは 辛すぎますね。
고레와 카라스기마스네

Tip

일본의 TV방송에는 요리 관련 프로그램이 상당히 많습니다. 퀴즈 대결을 통해 고급요리를 먹기도 하고 맛있는 음식을 여행하듯 찾아다니며 소개하는 방송 등, 음식에 관련된 방송만 수십 가지나 됩니다. 또한, 버라이어티 프로그램에서도 음식은 빠지지 않는 요소 중의 하나입니다.

기본표현

A : お勘定 おねがいします。
오칸죠- 오네가이시마스

B : 料理は いかがでしたか。
료-리와 이카가데시타까

A : 계산해 주세요.
B : 요리는 어떠셨어요?

표현늘리기

■ 어디서 계산하면 되나요?

どちらで 払ったら いいですか。
도치라데 하랏따라 이-데스까

■ 오늘은 제가 한 턱 낼게요.

今日は 私が おごります。
쿄-와 와따시가 오고리마스

■ 다음은 제가 내겠습니다.

次は 私が 払います。
쯔기와 와따시가 하라이마스

■ 계산해 주세요.

お勘定して ください。
오칸죠-시떼 쿠다사이

316

■ 더치페이 합시다.

割り勘に しましょう。

와리칸니 시마쇼-

■ 전부 얼마입니까?

全部で いくらですか。

젬부데 이쿠라데스까

■ 주스는 주문하지 않았는데요.

ジュースは 頼んでませんけど。

쥬-스와 타논데마셍께도

■ 계산이 맞지 않습니다.

勘定が 合って いません。

칸죠-가 앗떼 이마셍

■ 죄송합니다, 잘못 계산했습니다.

すみません、計算を 間違えました。

스미마셍 케-산오 마치가에마시따

■ 영수증을 주세요.

領収書を ください。

료-슈-쇼오 쿠다사이

Tip

식당에서 식사를 마치고 계산할 때 계산서에 서비스 요금이 포함되었는지 확인하고자 하려면「サービス料金(りょうきん)が ふくまれていますか (서비스료가 포함되어 있습니까?)」라고 물으면 됩니다.

기본단어

しょくどう 食堂	쇼꾸도-	식당
よやく 予約	요야꾸	예약
かくにん 確認	카쿠닝	확인
まどがわ 窓側	마도가와	창가 쪽
よやくせき 予約席	요야꾸세키	예약석
まんせき 満席	만세끼	만석
ま 待つ	마쯔	기다리다
ま 待たせる	마타세루	기다리게 하다
すす お勧め	오스스메	추천
にんき 人気	닝끼	인기
りょうり 料理	료-리	요리
メニュー	메뉴-	메뉴
なんめい 何名	남메-	몇 명
はし 箸	하시	젓가락
お 落とす	오토스	떨어뜨리다
デザート	데자-토	디저트
さら 皿	사라	접시
と ざら 取り皿	토리자라	덜어 먹기 위한 작은 접시
はいざら 灰皿	하이자라	재떨이
ナプキン	나프킹	냅킨
おしぼり	오시보리	물수건
べつりょうきん 別料金	베쯔료-킹	별도 요금

食べ方	타베카따	먹는 법
かかる	카카루	(시간이) 소요되다
同じ	오나지	같음, 동일함
召し上がる	메시아가루	(음식을) 드시다, 잡수시다
持ち帰り	모치카에리	가지고 돌아감
お代り	오카와리	같은 음식을 더 먹음, 리필
お酒	오사케	술
注ぐ	쯔구	붓다, 따르다, 쏟다
一杯	입빠이	한 잔
乾杯	감빠이	건배
強い	쯔요이	강하다
弱い	요와이	약하다
半分	함분	반, 절반
酔う	요우	술에 취하다
酔っぱらう	욥빠라우	만취하다
雰囲気	훙이끼	분위기
飲む	노무	마시다, 술을 마시다
行きつけ	이키쯔케	단골
二日酔い	후쯔카요이	숙취
やめる	야메루	그만두다, 끊다
飲み代	노미다이	술값
払う	하라우	지불하다
割り勘	와리캉	각자 부담
おごる	오고루	한턱 내다

勘定 (かんじょう)	칸죠-	셈, 계산
頼む (たの)	타노무	주문하다, 부탁하다
計算 (けいさん)	케-산	계산
会計 (かいけい)	카이케-	계산

보충단어

[음료]

飲み物 (の もの)	노미모노	마실 것, 음료
お冷や (ひ)	오히야	찬물
お水 (みず)	오미즈	찬물
お湯 (ゆ)	오유	뜨거운 물
ワイン	와인	와인
シャンパン	샴판	샴페인
ウィスキー	위스키-	위스키
カクテル	카쿠테루	칵테일
ビール	비-루	맥주
焼酎 (しょうちゅう)	쇼-츄-	소주
日本酒 (に ほんしゅ)	니혼슈	정종
サワー	사와-	사와(칵테일 사우어에서 유래된 말로 소주에 과일즙이나 주스를 넣은 술)
ハイ	하이	하이(소주에 우롱차나 녹차를 섞어 마시는 것)
ジョッキ	죳키	손잡이가 달린 큰 맥주 컵

ウーロン茶	우-롱챠	우롱차
紅茶	코-챠	홍차
ジュース	쥬스	주스
コーヒー	코-히-	커피

[음식종류]

おつまみ	오쯔마미	마른안주
おでん	오뎅	어묵
焼き鳥	야끼토리	닭꼬치구이
焼きそば	야끼소바	야키소바
餃子	교-자	만두
サラダ	사라다	샐러드
麺類	멘루이	면류
定食	테-쇼꾸	정식
すき焼き	스키야끼	스키야키
しゃぶしゃぶ	샤부샤부	샤부샤부
焼肉	야키니꾸	불고기
チャーハン	챠-항	볶음밥
おにぎり	오니기리	주먹밥
お茶漬け	오챠즈케	밥에 뜨거운 엽차를 부음
うどん	우동	우동
そば	소바	메밀국수
寿司	스시	초밥
ラーメン	라-멩	라면

てんぷら	텐뿌라	튀김
どんぶり	돔부리	덮밥
とんカツ	통카쯔	돈까스, 돼지고기 커틀릿
味噌汁	미소시루	된장국
刺身	사시미	회
空揚げ	카라아게	닭 튀김

[맛]

味	아지	맛
さっぱり	삿빠리	담백한
うすい	우쓰이	싱겁다
淡白	담파쿠	담백
脂っこい	아부락꼬이	기름기다 많다, 느끼하다
おいしい	오이시–	맛있다
うまい	우마이	맛있다
まずい	마즈이	맛없다
濃い	코이	(맛이) 진하다
辛い	카라이	맵다
甘い	아마이	달다
渋い	시부이	떫다
苦い	니가이	쓰다
酸っぱい	습빠이	시다, 시큼하다
塩っぱい	숍빠이	짜다
塩辛い	시오카라이	짜다

やわらかい	야와라카이	부드럽다
かたい	카타이	딱딱하다
歯応え	하고타에	씹는 맛

[요리법]

洗う	아라우	씻다
切る	키루	썰다, 자르다
むく	무꾸	(껍질을) 벗기다, 까다
焼く	야꾸	굽다
ゆでる	유데루	삶다, 데치다
盛る	모루	(그릇에) 담다
熱する	넷스루	달구다, 가열하다
炒める	이타메루	볶다
煮る	니루	삶다, 끓이다, 조리다, 익히다
つける	쯔케루	(맛을) 내다
揚げる	아게루	튀기다

[조미료]

調味料	쵸-미료-	조미료
砂糖	사토-	설탕
塩	시오	소금
こしょう	코쇼-	후추
酢	스	식초
醤油	쇼-유	간장

일본의 술 문화

　일본사람들의 술 마시는 모습은 우리나라와 많이 다릅니다.

　우선 눈에 띄게 다른 점은 한 손으로 따라주고 한 손으로 받는다는 것입니다. 그리고 술잔에 술이 비어 있으면 주위 사람이 부어주거나 자신이 채워서 마시는, 소위 첨잔을 즐깁니다. 따라서 일본인과 맥주를 마실 때 거품이 빠져 맛이 없어진다며 이런 습관에 적응을 못 하는 한국인들을 종종 볼 수 있습니다.

　그러나 잔이 비기 전에 채워주는 습관은 오히려 일본에서는 '센스있는 배려'로 여기고 있습니다. 또, 술잔은 이 사람 저 사람 돌리지 않으며 술을 억지로 권하지도 않습니다. 그냥 마시던 술잔에 술을 따르려 할 때 가볍게 술잔을 손으로 덮으며 더는 못 마시겠다고 하면 됩니다. 술값 계산은 특별한 경우가 아닌 한 각자 부담합니다.

제 16 장

공항에서 호텔까지

1. 제 좌석은 어디입니까?
2. 입국 목적은 무엇입니까?
3. 짐은 어디에서 찾습니까?
4. 신고할 것은 없습니까?
5. 방 있습니까?
6. 예약하셨습니까?
7. 룸 서비스입니다.
8. 귀중품을 맡아주시겠습니까?
9. 체크아웃 하겠습니다.

기본표현

A : 私の 席は どこですか。
와따시노 세키와 도코데스까

B : ここの 窓側の 方ですね。
고꼬노 마도가와노 호-데스네

A : 제 좌석은 어디입니까?
B : 여기 창가쪽 자리네요.

표현늘리기

■ 이 자리에 앉아도 되겠습니까?

この 席に 座っても いいですか。
고노 세키니 스왓떼모 이-데스까

■ 잠깐 지나가겠습니다.

ちょっと 通して ください。
촛또 토-시떼 쿠다사이

■ 기내에서 면세품을 판매합니까?

免税品を 機内販売して いますか。
멘제-힝오 기나이함바이시떼 이마스까

■ 얼마 후면 도쿄에 도착합니까?

あと どれくらいで 東京に 着きますか。
아토 도레쿠라이데 도-쿄-니 쯔키마스까

326

■ 입국신고서 쓰는 법을 가르쳐 주세요.

入国カードの 書き方を 教えて ください。

뉴-코꾸카-도노 가키카따오 오시에떼 쿠다사이

■ 화장실은 어디입니까?

トイレは どこですか。

토이레와 도코데스까

■ 입국신고서를 받을(주실) 수 있습니까?

入国カードの ほうを いただけますか。

뉴-코꾸카-도노 호-오 이타다케마스까

■ 마실 것을 드릴까요?

飲み物は いかがですか。

노미모노와 이카가데스까

■ 물 주세요.

お水 お願いします。

오미즈 오네가이시마스

■ 안전벨트를 매 주세요.

シートベルトを お締めください。

시-토베루토오 오시메구다사이

「한국어 잡지 있습니까?」는 「韓国語(かんこくご)の ざっしは あります
か」, 「한국어판 없습니까?」는 「韓国語版(かんこくごばん)は ありません
か」라고 합니다.

A : 入国の 目的は 何ですか。
뉴-코쿠노 모쿠테끼와 난데스까

B : 観光です。
캉코-데스

A : 입국 목적은 무엇입니까?

B : 관광입니다.

표현늘리기

■ 여권과 입국신고서를 보여 주십시오.

パスポートと 入国カードを 見せて ください。
파스포-토또 뉴-코쿠카-도오 미세떼 쿠다사이

■ 사업차 방문했습니다.

ビジネス 関係です。
비지네스 캉케-데스

■ 얼마나 머무를 겁니까?

どのくらい 滞在しますか。
도노쿠라이 타이자이시마스까

■ 도쿄에서는 어디에 머뭅니까?

東京では どこに 泊まりますか。
도-쿄-데와 도코니 토마리마스까

328

■ 어디에 숙박하십니까?

どちらに 宿泊^{しゅくはく}されますか。
도치라니 슈쿠하꾸사레마스까

■ 일주일 정도 머무를 겁니다.

一週間^{いっしゅうかん}ほど 滞在^{たいざい}します。
잇슈-캉호도 타이자이시마스

■ 유스호스텔에 투숙하려고 합니다.

ユースホステルに 泊^とまります。
유-스호스테루니 토마리마스

■ 귀국할 항공권은 가지고 계십니까?

帰国^{きこく}する 航空券^{こうくうけん}は 持^もっていますか。
기코쿠스루 코-쿠-켄와 못떼이마스까

■ 잠시 경유하는 겁니다.

ただの 経由^{けいゆ}です。
타다노 케-유데스

■ 최종 목적지는 어디입니까?

最終目的地^{さいしゅうもくてき ち}は どちらですか。
사이슈-모쿠테끼치와 도치라데스까

Tip

입국이 통과되면 심사관이 여권에 도장을 찍어 주고, 입국카드는 2등분으로 절취하여 반쪽은 입국심사관에 접수시키고 나머지 반쪽은 여권에 첨부하여 출국시 사용합니다.

기본표현

A : 荷物は どこで 受け取るんですか。
니모쯔와 도코데 우케토룬데스까

B : あそこです。
아소코데스

A : 짐은 어디에서 찾습니까?
B : 저기입니다.

표현늘리기

■ 제 짐을 찾아주세요.
私の 荷物を 探して ください。
와따시노 니모쯔오 사가시떼 쿠다사이

■ 제 짐이 보이지 않는데요.
私の 荷物が 見つからないんですが。
와따시노 니모쯔가 미쯔카라나인데스가

■ 어느 편으로 오셨습니까?
どの便でしたか。
도노빈데시타까

■ 한국항공 747편으로 도착했습니다.
韓国航空 747便で 着きました。
캉코꾸코-쿠- 나나햐꾸욘쥬-나나빈데 쯔키마시따

■ 짐이 없어져 버렸습니다.

荷物が なくなって しまいました。

니모쯔가 나쿠낫떼 시마이마시따

■ 짐은 이것뿐입니다.

荷物は これだけです。

니모쯔와 코레다케데스

■ 수하물표는 여기 있습니다.

手荷物引換証は これです。

테니모쯔히키카에쇼-와 코레데스

■ 수하물표를 보여주시겠습니까?

手荷物引換証の ほうを 見せて いただけますか。

테니모쯔히키카에쇼-노 호-오 미세떼 이타다케마스까

■ 제 짐이 파손됐습니다.

私の 荷物が 壊れています。

와따시노 니모쯔가 코와레떼이마스

■ 짐 찾는 걸 좀 도와 주시겠습니까?

荷物を 探すのを 手伝って もらえませんか。

니모쯔오 사가스노오 테쯔닷떼 모라에마셍까

Tip

　짐을 분실했을 때 항공권과 수하물표를 가지고 수하물 사고보고서를 작성하여 해당 항공사 직원에게 신고를 하면 1kg당 20달러 내외의 보상금을 지급받을 수 있습니다.

기본표현

A : しんこく申告する ものは ありませんか。
신코쿠스루 모노와 아리마셍까

B : はい、ありません。
하이 아리마셍

A : 신고할 것은 없습니까?
B : 네, 없습니다.

표현늘리기

■ 세관 검사는 어디서 합니까?
ぜいかんけんさ税関検査は どこですか。
제-캉켄사와 도코데스까

■ 세관신고서를 가지고 있습니까?
ぜいかんとどけも税関届けは 持って いますか。
제-캉토도케와 못떼 이마스까

■ 가방을 열어주세요.
あカバンを 開けて ください。
가방오 아케떼 쿠다사이

■ 이 속에는 뭐가 들어 있습니까?
なかみなんこの 中身は 何ですか。
고노 나카미와 난데스까

■ 이건 제 일상용품뿐이에요.

これは 私の 身の回り品だけです。

고레와 와따시노 미노마와리힌다케데스

■ 이건 선물이에요.

これは お土産です。

고레와 오미야게데스

■ 이게 가지고 계신 것 전부입니까?

持ってるものは これだけですか。

못떼루모노와 고레다케데스까

■ 면세품목에서는 400달러까지 면세가 됩니다.

免税品目では 400ドルまで 免税が 利きます。

멘제-힘모꾸데와 욘햐꾸도루마데 멘제-가 키키마스

■ 이 가방은 관세를 지불하셔야 합니다.

この バックは 関税を 払わなければ なりません。

고노 박꾸와 칸제-오 하라와나케레바 나리마셍

■ 돈은 얼마나 가지고 계십니까?

お金のほうは どのくらい 持って いますか。

오카네노호-와 도노쿠라이 못떼 이마스까

Tip

짐을 찾은 뒤에는 세관을 거치게 됩니다. 이때 신고할 물건이 있으면 미리 작성해 둔 세관신고서와 여권을 보입니다. 대체로 가방 안의 내용물을 묻거나 그냥 통과시키지만 어떤 담당자에 한해서는 가방을 열어보라고 할 수도 있습니다.

기본표현

A : お部屋 ありますか。
오헤야 아리마스까

B : はい、あります。
하이 아리마스

A : 방 있습니까?
B : 네, 있습니다.

표현늘리기

■ 예약하지 않았습니다만.
予約は して いないんですが。
요야꾸와 시테 이나인데스가

■ 남는 방 있습니까?
空き部屋は ありますか。
아키베야와 아리마스까

■ 욕실이 딸려 있는 싱글룸을 부탁합니다.
風呂つきの シングルルームを おねがいします。
후로쯔키노 싱구루루-무오 오네가이시마스

■ 하루에 얼마입니까?
一泊 いくらですか。
입빠꾸 이쿠라데스까

■ 트윈룸으로 부탁합니다.

ツインルームで おねがいします。
츠인루-무데 오네가이시마스

■ 에어컨은 딸려 있습니까?

クーラーは 付いて いますか。
쿠-라-와 쯔이떼 이마스까

■ 아침식사는 포함되어 있습니까?

朝食代は 含まれて いますか。
쵸-쇼쿠다이와 후쿠마레떼 이마스까

■ 세금은 포함되어 있습니까?

税金込みですか。
제-킹코미데스까

■ 좀더 싼 방은 없습니까?

もっと 安い 部屋は ありませんか。
못또 야스이 헤야와 아리마셍까

■ 이 방으로 할게요.

この 部屋に します。
고노 헤야니 시마스

Tip

　일본의 숙소는 크게 비즈니스호텔, 여관, 민박 등으로 나뉩니다. 비즈니스호텔은 세일즈맨이 주고객이기 때문에 교통이 편리합니다. 여관은 고급스럽고 비교적 비싸며 온천이 딸려 있고 일본 전통 다다미방을 체험할 수 있습니다. 민박은 여행객을 대상으로 하기 때문에 제일 저렴하지만, 같은 방을 쓰거나 화장실이 공동인 경우가 많아 조금 불편한 점이 있습니다.

기본표현

A : チェックイン　したいのですが。
첵크인 시타이노데스가

B : ご予約　なさいましたか。
고요야꾸 나사이마시타까

A : 체크인 하려고 합니다만.
B : 예약하셨습니까?

표현늘리기

■ 방 하나를 예약하고 싶습니다.
一部屋を　予約したいんですが。
히토헤야오 요야꾸시타인데스가

■ 체크인 부탁합니다.
チェックインを　お願いします。
첵크인오 오네가이시마스

■ 오늘 예약한 김입니다.
今日　予約しておいた　金です。
쿄- 요야쿠시떼오이따 김데스

■ 예약확인서를 주세요.
予約確認書を　ください。
요야꾸가쿠닌쇼오 쿠다사이

336

■ 싱글룸으로 예약했습니다.

シングルルームを 予約しました。

싱구루루-무오 요야꾸시마시타

■ 예약을 변경하고 싶습니다.

予約を 変更したいんですが。

요야꾸오 헹코-시타인데스가

■ 예약을 취소해 주세요.

予約を 取り消して ください。

요야꾸오 토리케시떼 쿠다사이

■ 여기에 써넣어 주십시오.

これに 書き込んで ください。

고레니 카키콘데 쿠다사이

■ 식당은 몇 시에 엽니까?

食堂は 何時に 開きますか。

쇼꾸도-와 난지니 히라키마스까

■ 체크아웃은 몇 시입니까?

チェックアウトは 何時ですか。

첵크아우또와 난지데스까

Tip

호텔 등의 숙소에 도착하여 프런트에서 호텔의 소정 양식에 성명·주소 등을 기재하고 방 열쇠를 받아 방에 가는 절차를 체크인(チェックイン)이라고 합니다.

기본표현

A : ルームサービスで　ございます。
루-무사-비스데 고자이마스

B : 食事を　部屋まで　運んで　いただけますか。
쇼꾸지오 헤야마데 하콘데 이타다케마스까

A : 룸 서비스입니다.
B : 식사를 방까지 가져다 주실 수 있습니까?

표현늘리기

■ 모닝콜을 부탁합니다.

モーニングコールを　おねがいします。
모-닝구코-루오 오네가이시마스

■ 내일 아침 7시에 깨워주세요.

明日　7時に　起こして　ください。
아시타 시찌지니 오코시떼 쿠다사이

■ 재떨이를 가져다 주세요.

灰皿を　持って　きて　ください。
하이자라오 못떼 키떼 쿠다사이

■ 콘센트는 어디에 있습니까?

コンセントは　どこに　ありますか。
콘센토와 도꼬니 아리마스까

338

■ 방을 바꿔주실 수 있나요?

部屋を 替えて もらえますか。

헤야오 카에떼 모라에마스까

■ 화장실 휴지가 없습니다.

トイレットペーパーが ありません。

토이렛또페-파-가 아리마셍

■ 온수가 나오지 않습니다.

お湯が 出ません。

오유가 데마셍

■ 화장실 물이 안 나와요.

トイレの 水が 流れません。

토이레노 미즈가 나가레마셍

■ 에어컨이 고장났어요.

クーラが 壊れて います。

쿠-라가 코와레떼 이마스

■ 세탁 부탁합니다.

洗濯を おねがいします。

센타꾸오 오네가이시마스

Tip

욕실에는 얼굴을 닦는 데 쓰는 보통 사이즈의 수건 「フェイスタオル」과 몸을 닦는 데 쓰는 큰 수건 「バスタオル(bath towel)」이 있습니다.

기본표현

A : 貴重品を あずかって いただけますか。
기쵸-힝오 아즈캇떼 이타다케마스까

B : はい、ここに お名前と 部屋番号を 書いて ください。
하이 고꼬니 오나마에또 헤야방고-오 카이떼 쿠다사이

A : 귀중품을 맡아주실 수 있습니까?
B : 네, 여기에 이름과 방 번호를 써 주십시오.

표현늘리기

■ 저녁까지 짐을 부탁합니다.
夕方まで 荷物を お願いします。
유-가타마데 니모쯔오 오네가이시마스

■ 맡긴 물품을 찾으려 합니다.
あずけた 物を 受け取りたいんです。
아즈케따 모노오 우케토리따인데스

■ 맡긴 물건을 내주시겠습니까?
あずけ物を 出して いただけますか。
아즈케모노오 다시테 이타다케마스까

■ 이 물품을 체크아웃 할 때까지 보관해 주시겠습니까?
この品を チェックアウトまで 預かって もらえますか。
고노 시나오 쳌크아우또마데 아즈캇떼 모라에마스까

■ 환전 부탁합니다.

両替を　お願いします。

료-가에오 오네가이시마스

■ 팩스 보낼 수 있습니까?

ファックスを　送ることは　できますか。

확쿠스오 오쿠루코또와 데키마스까

■ 택시를 불러주시겠습니까?

タクシーを　呼んで　いただけますか。

타쿠시-오 욘데 이타다케마스까

■ 이 가방을 한국으로 부치고 싶습니다.

この　カバンを　韓国まで　送りたいんですが。

고노 가방오 캉코쿠마데 오쿠리따인데스가

■ 제 방을 청소해 주시겠습니까?

私の　部屋を　掃除して　いただけませんか。

와따시노 헤야오 소-지시떼 이타다케마셍까

■ 방 열쇠를 잃어버렸습니다만.

部屋の　カギを　忘れて　しまったんですが。

헤야노 카기오 와스레떼 시맛딴데스가

Tip

　귀중품은 체크인 할 때 호텔에 보관하는 것이 안전합니다. 보관을 의뢰하지 않은 물품은 분실되어도 호텔에서는 책임지지 않습니다. 특히 현금과 카드, 여권 등은 항상 소지하고 외출하는 것이 안전합니다.

기본표현

A : チェックアウトを お願いします。
첵크아우또오 오네가이시마스

B : はい、お名前は 何と おっしゃいますか。
하이 오나마에와 난또 옷샤이마스까

A : 체크아웃 하겠습니다.
B : 네, 성함이 어떻게 되십니까?

표현늘리기

■ 하룻밤 더 묵고 싶은데요.

もう 一泊したいんですが。
모- 입빠꾸시타인데스가

■ 하룻밤 연장하고 싶은데요.

一泊 延長したいのですが。
입빠꾸 엔쵸-시타이노데스가

■ 체크아웃 하겠습니다.

チェックアウトします。
첵크아우또시마스

■ 키를 반환하겠습니다.

キーを 返します。
키-오 카에시마스

■ 계산 부탁합니다.

会計を おねがいします。

카이케-오 오네가이시마스

■ 여기 청구서입니다.

こちら 請求書です。

고치라 세-큐-쇼데스

■ 지불방법은 어떻게 하시겠습니까?

支払い方法は どう なさいますか。

시하라이호-호-와 도- 나사이마스까

■ 카드로 계산할 수 있습니까?

クレジットカードで 支払い できますか。

크레잣또카-도데 시하라이 데키마스까

■ 룸서비스는 받지 않았습니다만.

ルームサービスは 頼んでないんですが。

루-무사-비스와 타논데 나인데스가

■ 계산이 틀린 것 같은데요.

計算が 間違ってるようですが。

케-산가 마치갓떼루요-데스가

Tip

떠날 때에는 방을 깨끗하게 정리한 뒤 프런트에 가서 계산서를 확인한 후 지불하면 됩니다. 일본에서는 한국처럼 신용카드 사용이 일반화되어 있지 않습니다. 호텔 등에서는 카드 사용이 가능하지만 작은 여관이나 민박에서는 사용하지 못하는 경우가 많습니다.

기본단어

[공항 · 비행기]

航空券 こうくうけん	코-쿠-켕	항공권
搭乗 とうじょう	도-죠-	탑승
席 せき	세키	자리, 좌석
窓側 まどがわ	마도가와	창가쪽
通路側 つうろがわ	쯔-로가와	통로쪽
通す とお	토-스	통과시키다, 지나가게 하다
免税品 めんぜいひん	멘제-힝	면세품
免税店 めんぜいてん	멘제-텡	면세점
機内 きない	키나이	기내
販売 はんばい	함바이	판매
着く つ	쯔쿠	닿다, 도착하다
入国 にゅうこく	뉴-코쿠	입국
出国 しゅっこく	슛코쿠	출국
書き方 か かた	가키카따	쓰는 법
トイレ	토이레	화장실
飲み物 の もの	노미모노	음료
機内食 きないしょく	기나이쇼꾸	기내식
シートベルト	시-토베루토	안전벨트
締める し	시메루	매다
パスポート	파스포-토	패스포트, 여권
観光 かんこう	캉코-	관광

344

ビジネス	비지네스	비즈니스
滞在	타이자이	체재, 체류
経由	케-유	경유
目的地	모꾸테끼치	목적지
荷物	니모쯔	짐
探す	사가스	찾다
見つかる	미쯔카루	발견되다
空港	쿠-코-	공항
航空	코-쿠-	항공
手荷物	테니모쯔	수하물
引換証	히키카에쇼-	교환증
壊れる	코와레루	깨지다, 파손되다, 고장나다
申告	신코쿠	신고
税関	제-캉	세관
関税	칸제-	관세
身の回り品	미노마와리힝	일상 용품
お土産	오미야게	선물
利く	키꾸	효력이 있다, 가능하다, 통하다
ファーストクラス	화-스토크라스	퍼스트 클래스, 일등석
ビジネスクラス	비지네스크라스	비즈니스 클래스
エコノミークラス	에코노미-크라스	이코노미 클래스, 보통석
スチュワーデス	스츄와-데스	스튜어디스, 여자 승무원
スチュワード	스츄와-도	스튜어드, 남자 승무원

[호텔]

泊まる	토마루	숙박하다, 묵다, 자다
宿泊	슈쿠하쿠	숙박
ユースホステル	유-스호스테루	유스호스텔
旅館	료칸	여관
予約	요야꾸	예약
部屋	헤야	방
シングルルーム	싱그루루-므	싱글 룸
ツインルーム	쯔인루-므	트윈 룸
クーラー	쿠-라-	에어컨
付き	츠끼	딸림
朝食	쵸-쇼쿠	조식, 아침밥
含まれる	후쿠마레루	포함되다, 속에 들어 있다
税金	제-킹	세금
チェックイン	첵크인	체크인
チェックアウト	첵크아우또	체크아웃
空き	아키	비어 있음
確認書	카꾸닌쇼	확인서
書き込む	카키코무	써넣다, 기입하다
はっきり	핫끼리	분명히, 확실히
開く	히라꾸	열리다, 열다
号室	고-시쯔	호실
モーニングコール	모-닝구코-루	모닝콜
ルームサービス	루-무사-비스	룸 서비스

頼む	타노무	부탁하다, 주문하다
起こす	오코스	깨우다
灰皿	하이자라	재떨이
コンセント	콘센토	콘센트
替える	카에루	바꾸다, 교환하다
流れる	나가레루	흐르다
壊れる	코와레루	고장나다
洗濯	센타꾸	세탁
仕上がる	시아가루	완성되다
受け取る	우케토루	받다, 수취하다
預かる	아즈카루	맡다, 보관하다
貴重品	키쵸-힝	귀중품
延長	엔쵸-	연장
鍵/キー	카기/키-	열쇠
返す	카에스	돌려주다
荷物	니모쯔	짐
現金	겡킹	현금
クレジットカード	크레짓또카-도	신용카드
両替	료-가에	환전
ファックス	확쿠스	팩스
掃除	소-지	청소
請求書	세-큐-쇼	청구서
支払い	시하라이	지불, 지급
間違う	마치가우	틀리다, 잘못되다

일본의 특이한 숙박시설 "캡슐호텔"

여러 가지 숙박시설이 있겠지만 그중에서 가장 특이한 곳은 캡슐호텔이라 할 수 있을 것입니다. 캡슐이 몇 층으로 이루어져 있고 캡슐 안에는 조명과 TV가 있습니다. 그리고 개인 물품을 보관할 수 있는 로커룸이 따로 있고 간단히 샤워를 할 수 있는 공동사우나 시설이 있습니다. 사람 한 명이 들어가서 누울 수 있을 정도의 넓이이기 때문에 보기에는 좁고 불편해 보이지만 실제로는 매우 편안하다고 합니다. 주로 늦게까지 일하다가, 아니면 술을 마시다가 집에 못 가게 된 샐러리맨들이나 배낭 여행객들이 이용하는 경우가 대부분이고 거의 잠자리만 제공되어 가격은 비교적 싼 편입니다.

또한, 여성을 위한 캡슐호텔도 있기는 하지만 거의 남성용으로 만들어지기 때문에 이용객은 대부분 남성입니다. 최근에는 종류도 다양해져서 쾌적한 환경에서 쉴 수 있는 캡슐호텔들이 많이 생겨나는 추세입니다.

제 **17** 장

여러가지 상황

1. 배가 아파요.(병원)

2. 두통약 있습니까?(약국)

3. 책은 몇 권까지 빌릴 수 있습니까?(도서관)

4. 계좌 갖고 계세요?(은행)

5. 항공편입니까?(우체국)

6. 어떻게 해드릴까요?(미용실·이발소)

7. 차를 일주일간 빌렸으면 합니다만.(렌터카)

8. 타이어를 갈아 주세요.(카센터)

9. 고장났습니다.(고장·수리)

10. 구급차를 부르겠습니다.(사고)

11. 백을 잃어버렸어요.(분실)

12. 소매치기당한 것 같아요.(도난)

기본표현

A : どうしましたか。
도-시마시타까

B : おなかが　いたいんです。
오나카가 이타인데스

A : 어떻게 오셨습니까?
B : 배가 아픕니다.

표현늘리기

■ 여기가 아파요.

ここが　いたいんです。
고꼬가 이타인데스

■ 배탈이 났습니다.

お腹を　こわしました。
오나카오 코와시마시따

■ 구역질이 납니다.

吐き気が　あります。
하키케가 아리마스

■ 식욕이 없습니다.

食欲が　ありません。
쇼꾸요꾸가 아리마셍

- 기침이 멈추지 않아요.

   咳が　止まりません。

   세키가 토마리마셍

- 열이 조금 있고, 머리가 아픕니다.

   熱が　少しあって、頭が　いたいです。

   네쯔가 스코시앗떼 아타마가 이타이데스

- 기분이 안 좋습니다.

   気分が　悪いです。

   기붕가 와루이데스

- 감기에 걸렸습니다.

   風邪を　引きました。

   카제오 히키마시따

- 어깨가 결려요.

   肩が　こります。

   카타가 코리마스

- 2, 3일간 안정을 취해야 합니다.

   ２、３日間　安定しなければ　なりません。

   니산니찌캉 안테-시나케레바 나리마셍

Tip

「どうしましたか」는 「무슨 일이십니까?」라는 뜻이지만, 병원에서 의사가 물었을 때에는 「어디가 아파서 오셨습니까?」라는 뜻이 됩니다. 같은 말로는 「どこが　悪(わる)いですか」가 있습니다.

기본표현

A : 頭痛薬 ありますか。
즈쯔-야꾸 아리마스까

B : はい、ちょっと 待って ください。
하이 촛또 맛떼 쿠다사이

A : 두통약 있습니까?
B : 네, 잠시만 기다려 주십시오.

표현늘리기

■ 감기약 주세요.
風邪薬を ください。
카제구스리오 쿠다사이

■ 소화제 주세요.
胃腸薬を ください。
이쵸-야꾸오 쿠다사이

■ 눈이 충혈됐는데요.
目が 充血してるんですが。
메가 쥬-케쯔시떼룬데스가

■ 식후에 먹으면 됩니까?
食後に 飲めば いいですか。
쇼꾸고니 노메바 이-데스까

■ 몇 알 먹으면 됩니까?

何錠 飲めば いいですか。

난죠- 노메바 이-데스까

■ 언제 먹으면 됩니까?

いつ 飲んだら いいですか。

이쯔 논다라 이-데스까

■ 몇 번 정도 복용하는 겁니까?

何回くらい 服用するのですか。

난까이쿠라이 후쿠요-스루노데스까

■ 하루에 두 번 먹으면 됩니다.

一日 二回 飲めば いいです。

이치니찌 니까이 노메바 이-데스

■ 처방전 없이 살 수 있는 약은 없습니까?

処方箋なしで 買える 薬は ないですか。

쇼호-센나시데 카에루 구스리와 나이데스까

■ 부작용 있습니까?

副作用は ありますか。

후쿠사요-와 아리마스까

Tip

「~약」할 때의「~薬」는「~ぐすり」와「~やく」의 두 가지로 읽힙니다.
「이 약은 어떻게 먹는 거에요?」라고 할 때에는「この 薬(くすり)は どう
やって 飲(の)んだら いいですか」라고 말합니다.

기본표현

A : 本は 何冊まで 借りられますか。
홍와 난사쯔마데 카리라레마스까

B : 4冊まで 借りられます。
욘사쯔마데 카리라레마스

A : 책은 몇 권까지 빌릴 수 있습니까?
B : 4권까지 빌릴 수 있습니다.

표현늘리기

■ 자리는 자유입니다.
席は 自由です。
세키와 지유-데스

■ 이용 시간은 오전 9시부터 오후 5시까지입니다.
利用時間は 午前 9時から 午後 5時までです。
리요-지캉와 고젠 쿠지까라 고고 고지마데데스

■ 일주일간 빌릴 수 있습니다.
一週間 借りられます。
잇슈-칸 카리라레마스

■ 책을 빌리고 싶습니다만.
本を 借りたいんですが。
홍오 카리따인데스가

■ 여기에 기입해 주세요.

ここに 書き込んで ください。

고꼬니 카키콘데 쿠다사이

■ 그 책은 대출중입니다만.

その本は もう 貸し出し中ですが。

소노 홍와 모- 카시다시츄-데스가

■ 예약해 드릴까요?

本を 予約して おきましょうか。

홍오 요야꾸시테 오키마쇼-까

■ 대출기간은 언제까지입니까?

貸し出し期間は いつまでですか。

카시다시키캉와 이쯔마데데스까

■ 늦게 반납하면 벌금을 내야 합니다.

返却が 遅れると、罰金を 払わなければ なりません。

헨캬쿠가 오쿠레루또 박킹오 하라와나케레바 나리마셍

■ 5권 이상은 빌릴 수 없습니다.

5冊以上は 借りられません。

고사쯔이죠-와 카리라레마셍

■ 반납일은 2주일 후입니다.

返却日は 2週間後です。

헨캬쿠비와 니슈-캉고데스

기본표현

A : 口座を　持って　いますか。
코-자오 못떼 이마스까

B : はい、これが　わたしの　口座番号です。
하이 고레가 와따시노 코-자방고-데스

A : 계좌 갖고 계세요?
B : 네, 이게 제 계좌번호입니다.

표현늘리기

■ 돈을 좀 찾고 싶습니다.
お金を　少し　下ろしたいんです。
오카네오 스코시 오로시따인데스

■ 현재 환율은 얼마입니까?
現在の　為替レートは　いくらですか。
겐자이노 카와세레-또와 이쿠라데스까

■ 환전해 주세요.
両替して　ください。
료-가에시떼 쿠다사이

■ 잔돈으로 바꿔주세요.
小銭に　替えて　ください。
코제니니 카에떼 쿠다사이

■ 이걸 잔돈으로 바꿔주실 수 있습니까?

これを 小銭_{こぜに}に くずして もらえますか。

고레오 코제니니 쿠즈시떼 모라에마스까

■ 잔돈으로 바꿔주세요.

これを 細_{こま}かくして ください。

고레오 코마카꾸시떼 쿠다사이

■ 돈을 바꾸고 싶은데요.

お金_{かね}を 交換_{こうかん}したいのですが。

오카네오 코-칸시타이노데스가

■ 송금하고 싶은데요.

送金_{そうきん}したいんですけど。

소-킨시타인데스께도

■ 예금을 하고 싶은데요.

預金_{ちょきん}したいのですが。

쵸킨시타이노데스가

■ 잔액을 알려주시지 않겠습니까?

残高_{ざんだか}を 教_{おし}えて くださいませんか。

잔다카오 오시에떼 쿠다사이마셍까

Tip

「持つ」는 단순히 「갖고(손에 쥐고) 있다」는 뜻도 있지만 「소유하고 있다」는 뜻도 가지고 있습니다.

기본표현

A : この 荷物を 韓国まで 送りたいんですが。
にもつ　かんこく　　おく
고노 니모쯔오 캉코꾸마데 오쿠리따인데스가

B : 航空便ですか。
こうくうびん
코-쿠-빈데스까

A : 이 짐을 한국으로 부치려고 하는데요.
B : 항공편입니까?

표현늘리기

■ 편지를 부쳐주세요.

この 手紙を お願いします。
てがみ　　ねが
고노 테가미오 오네가이시마스

■ 이 소포 부탁합니다.

この 小包、お願いします。
こづつみ　ねが
고노 코즈쯔미 오네가이시마스

■ 이것을 속달로 부탁합니다.

これを 速達で お願いします。
そくたつ　ねが
고레오 소꾸타츠데 오네가이시마스

■ 배편으로 부탁합니다.

船便で おねがいします。
ふなびん
후나빈데 오네가이시마스

■ 등기우편으로 보내려고 하는데요.

書留で 送りたいのですが。
가키토메데 오쿠리따이노데스가

■ 한국까지의 항공편은 얼마입니까?

韓国までの 航空便は いくらですか。
캉코꾸마데노 코-쿠-빙와 이쿠라데스까

■ 여기에 주소와 이름을 써넣어 주십시오.

ここに 住所と 名前を 書き込んで ください。
고꼬니 쥬-쇼또 나마에오 카키콘데 쿠다사이

■ 내용물은 뭡니까?

中身は 何ですか。
나카미와 난데스까

■ 며칠 정도 걸립니까?

何日 かかりますか。
난니찌 가카리마스까

■ 도착하려면 얼마나 걸립니까?

届くには どのくらい かかりますか。
토도쿠니와 도노쿠라이 가카리마스까

Tip

「〜便(びん)」은 교통수단을 말하는 것으로 국제우편은 크게 「航空便(こうくうびん);항공편」과 「船便(ふなびん);배편」 두 가지로 나뉩니다.

기본표현

A : どう なさいますか。
도- 나사이마스까

B : カットだけ お願いします。
캇또다케 오네가이시마스

A : 어떻게 해드릴까요?
B : 커트만 해주세요.

표현늘리기

■ 어떤 스타일로 해드릴까요?

どんな スタイルに なさいますか。
돈나 스타이루니 나사이마스까

■ 어떻게 자를까요?

どのように 切りましょうか。
도노요-니 키리마쇼-까

■ 스타일을 바꾸고 싶은데요.

スタイルを 変えたいのですが。
스타이루오 카에따이노데스가

■ 샴푸하고 커트해 주세요.

シャンプーと カットを お願いします。
샴푸-또 캇또오 오네가이시마스

360

■ 머리를 염색해 주세요.

髪を そめて ください。

카미오 소메떼 쿠다사이

■ 약하게 파마해 주세요.

軽く パーマを かけて ください。

카루꾸 파-마오 카케떼 쿠다사이

■ 조금 짧게 해주세요.

少し 短くして ください。

스코시 미지카쿠시떼 쿠다사이

■ 이런 스타일로 해주세요.

こんな 感じに して ください。

곤나 칸지니 시떼 쿠다사이

■ 머리를 다듬어 주세요.

髪を 整えて ください。

카미오 토토노에떼 쿠다사이

■ 수염을 깎아 주세요.

ひげを 剃って ください。

히게오 솟떼 쿠다사이

Tip

일본의 미용실은 커트가 보통 5천 엔이 넘고, 파마는 만 엔이 훨씬 넘기 때문에 부담이 커서 미용실을 자주 찾지는 않습니다. 게다가 샴푸 비까지 따로 받기 때문에 비용은 배로 늘어납니다. 간혹 신입들의 머리 모델을 해 주면 공짜로 머리를 자를 수 있는데 그만큼 위험부담은 감수해야겠죠?

기본표현

A : 車を　一週間　借りたいのですが。
쿠루마오 잇슈-캉 카리따이노데스가

B : どんな　車が　よろしいですか。
돈나 쿠루마가 요로시-데스까

A : 차를 일주일간 빌렸으면 합니다만.
B : 어떤 차가 좋으십니까?

표현늘리기

■ 오토매틱 차를 빌릴 수 있을까요?

オートマチック車が　借りられますか。
오-토마칙쿠샤가 카리라레마스까

■ 대형차를 빌리고 싶은데요.

大型車を　借りたいのですが。
오-가타샤오 카리따이노데스가

■ 카탈로그를 보여주시겠습니까?

カタログを　みせて　くれますか。
카타로그오 미세떼 쿠레마스까

■ 이 차는 하루에 얼마입니까?

この　車は　一日　いくらですか。
고노 쿠루마와 이치니찌 이쿠라데스까

■ 언제 돌려드리면 됩니까?

いつ　返（かえ）せば　いいですか。

이쯔 카에세바 이-데스까

■ 국제운전면허증은 있습니까?

国際運転免許証（こくさいうんてんめんきょしょう）は　ありますか。

곡사이운뗌멩쿄쇼-와 아리마스까

■ 보험은 들어 있나요?

保険（ほけん）込（こ）みですか。

호켕고미데스까

■ 요금표를 보여주세요.

料金表（りょうきんひょう）を　見（み）せて　ください。

료-킹효-오 미세떼 쿠다사이

■ 선불입니까?

前払（まえばら）いですか。

마에바라이데스까

■ 보증금은 얼마입니까?

保証金（ほしょうきん）は　いくらですか。

호쇼-킹와 이쿠라데스까

Tip

일본에서 차를 렌트해 여행을 다니려면 우선 국제운전면허증이 있어야 합니다. 일본 차의 운전석은 우리나라와 반대쪽이고 운전 규칙이나 도로 교통망도 우리나라와 다른 점이 많습니다. 따라서 미리 교통정보를 익혀 두지 않으면 많은 어려움이 따를 수 있습니다.

기본표현

A : タイヤを 取りかえて ください。
타이야오 토리카에떼 구다사이

B : 前ですか、後ろですか。
마에데스까 우시로데스까

A : 타이어를 갈아 주세요.
B : 앞입니까, 뒤입니까?

표현늘리기

■ 오일을 갈아 주세요.

オイルを 交換して ください。
오이루오 코-칸시떼 쿠다사이

■ 브레이크 상태가 이상합니다.

ブレーキの 調子が おかしいようです。
브레-키노 쵸-시가 오카시-요-데스

■ 타이어에 공기를 넣어 주세요.

タイヤに 空気を 入れて ください。
타이야니 쿠-키오 이레떼 쿠다사이

■ 세차를 해주세요.

洗車を おねがいします。
센샤오 오네가이시마스

364

■ 가득 채워 주세요.

満タンに して ください。
만탕니 시떼 쿠다사이

■ 펑크났어요.

パンクしました。
팡크시마시따

■ 차가 고장입니다. 견인하러 와주세요.

車の 故障です。 取りに 来て ください。
쿠루마노 코쇼-데스 토리니 키떼 쿠다사이

■ 타이어 공기압을 재주세요.

タイヤの 空気圧を はかって ください。
타이야노 쿠-키아쯔오 하캇떼 쿠다사이

■ 엔진에서 타는 냄새가 나는데요.

エンジンから こげた 臭いが しますが。
엔진카라 코게따 니오이가 시마스가

■ 차의 흠집을 고쳐주세요.

車の きずを 直して ください。
쿠루마노 키즈오 나오시떼 쿠다사이

■ 배터리가 다 된 것 같아요.

バッテリーが 上がった みたいです。
밧데리-가 아갓따 미타이데스

기본표현

A : テレビが 故障して いますが。
테레비가 코쇼-시떼 이마스가

B : アンテナの 具合が 悪いですね。
안테나노 구아이가 와루이데스네

A : 텔레비전이 고장 났습니다만.
B : 안테나 상태가 안 좋군요.

표현늘리기

■ 이 CD플레이어는 고장 났습니다.

この CDプレーヤーは 壊れています。
고노 시디프레-야-와 코와레떼이마스

■ 라디오카세트가 고장 났습니다.

ラジオカセットが 故障しました。
라지오카셋또가 코쇼-시마시따

■ 안경을 망가뜨렸습니다.

眼鏡を 壊しました。
메가네오 코와시마시따

■ 수리했으면 합니다.

修理して ほしいです。
슈-리시떼 호시-데스

■ 이 드라이기를 수리해 주십시오.

この ドライヤーを 修理して ください。

고노 도라이야-오 슈-리시떼 쿠다사이

■ 언제 다 됩니까?

いつ でき上がりますか。

이쯔 데키아가리마스까

■ 언제 고쳐집니까?

何時に 仕上がりますか。

난지니 시아가리마스까

■ 금방 고쳐집니까?

すぐ 直りますか。

스구 나오리마스까

■ 전지를 갈아 주십시오.

電池を 交換して ください。

덴치오 코-칸시떼 쿠다사이

■ 이것은 수리가 안됩니다.

これは 修理できません。

고레와 슈-리데키마셍

Tip

「いますが」의 「が」는 「~ 다만」의 의미로 사용되어 문장에 여운을 줍니다. 또한, 「ね」는 문장의 끝에 붙어 자신의 생각을 나타내는 동시에 상대방에게 동의를 구하는 뜻을 갖고 있습니다. 우리말 뜻은 「~군요/~로군요」가 됩니다.

기본표현

A : 交通事故に　遭いました。
코-쯔-지코니 아이마시따

B : 救急車を　よびます。
큐-큐-샤오 요비마스

A : 교통사고 당했습니다.
B : 구급차를 부르겠습니다.

표현늘리기

■ 다친 사람이 있습니다.
けが人が　います。
케가닌가 이마스

■ 응급처치를 해주세요.
応急手当を　して　ください。
오-큐-테아테오 시떼 쿠다사이

■ 소화기 쓰는 법을 가르쳐 주세요.
消火器の　使い方を　教えて　ください。
쇼-카키노 쯔카이카따오 오시에떼 쿠다사이

■ 비상벨을 울려 주세요.
非常ベルを　鳴らして　ください。
히죠-베루오 나라시떼 쿠다사이

■ 경찰을 불러 주세요.
警察を 呼んで ください。
케-사쯔오 욘데 쿠다사이

■ 도움을 청해 주세요.
助けを 呼んで ください。
다스케오 욘데 쿠다사이

■ 구급차를 불러 주세요.
救急車を 呼んで ください。
큐-큐-샤오 욘데 쿠다사이

■ 의사를 불러 주세요.
お医者さんを 呼んで ください。
오이샤상오 욘데 쿠다사이

■ 경찰에 전화해 주세요.
警察に 電話して ください。
케-사쯔니 뎅와시떼 쿠다사이

■ 보험회사에도 연락해 주세요.
保険会社にも 連絡して ください。
호켕가이샤니모 렌라꾸시떼 쿠다사이

Tip

경찰은 전화 110번(ひゃくじゅう番), 화재통보와 구급요청은 119번(ひゃくじゅうきゅう番)입니다. 의사나 응급조치가 필요할 때는 호텔이나 주위 사람에게 도움을 청합니다.

기본표현

A : バッグを 忘^{わす}れて しまいました。
박구오 와스레떼 시마이마시따

B : 中^{なか}に 何^{なに}が 入^{はい}って いましたか。
나카니 나니가 하잇떼 이마시타까

A : 백을 잃어버렸어요.
B : 안에 무엇이 들어 있었습니까?

표현늘리기

■ 제 짐이 보이지 않아요.
私^{わたし}の 荷物^{にもつ}が みつかりません。
와따시노 니모쯔가 미쯔카리마셍

■ 지갑을 잃어버렸어요.
財布^{さいふ}を なくしました。
사이후오 나쿠시마시따

■ 여권을 잃어버렸습니다.
パスポートを なくしました。
파스포-토오 나쿠시마시따

■ 가방 안을 잘 찾아보셨나요?
かばんの 中^{なか}を よく さがしましたか。
가반노 나카오 요꾸 사가시마시타까

■ 어디서 잃어버렸는지 모르겠습니다.

どこで なくした か 分かりません。

도코데 나쿠시타까 와카리마셍

■ 안에는 현금이 들어 있었습니다.

中には 現金が 入って いました。

나카니와 겡낑가 하잇떼 이마시따

■ 분실물 카운터에 가보세요.

紛失物カウンターに 行ってみて ください。

훈시쯔부쯔카운타-니 잇떼미떼 쿠다사이

■ 유실물 센터는 어디입니까?

遺失物取扱所は どちらですか。

이시쯔부쯔토리아쯔카이쇼와 도치라데스까

■ 분실신고서에 기재해 주세요.

紛失届けに 記入して ください。

훈시쯔토도케니 기뉴-시떼 쿠다사이

■ 발견하시면 여기로 연락 주세요.

見つかったら ここに 連絡を おねがいします。

미쯔캇따라 고꼬니 렌라꾸오 오네가이시마스

■ 찾으면 연락 주세요.

見つかったら 知らせて ください。

미쯔캇따라 시라세떼 쿠다사이

A : どうしたんですか、佐藤さん。
도-시탄데스까 사토-상

B : すりに 遭ったようです。
스리니 앗따요-데스

A : 사토 씨, 왜 그러세요?
B : 소매치기당한 것 같아요.

표현늘리기

■ 지갑을 소매치기당했습니다.
財布を すられました。
사이후오 스라레마시따

■ 도둑 잡아랏!
どろぼう！ つかまえて！
도로보- 쯔카마에떼

■ 가방을 도난당했습니다.
バッグを とられました。
박구오 토라레마시따

■ 경찰에 신고하세요.
警察に 届けて ください。
케-사쯔니 토도케떼 쿠다사이

372

■ 어디에서 도난당했습니까?

どこで 盗まれましたか。

도코데 누스마레마시타까

■ 도난증명서를 써주십시오.

盗難証明書を 書いて ください。

토-난쇼-메-쇼오 카이떼 쿠다사이

■ 도난신고를 하려고 합니다만.

盗難届けを 出したいんですが。

토-난토도케오 다시따인데스가

■ 경찰서는 어디에요?

警察は どこですか。

케-사쯔와 도코데스까

■ 얼마나 갖고 있었습니까?

いくら 持っていたのですか。

이쿠라 못떼이타노데스까

■ 안에 무엇이 들어 있었습니까?

中に 何が 入っていましたか。

나카니 나니가 하잇떼이마시타까

Tip

일본은 범죄발생률이 낮은 편이지만 가능하면 동행자와 함께 다니는 것이 안전합니다. 큰 교차로 가까이 편리한 장소에 파출소가 있고, 순찰 경찰차가 수시로 시내를 순회하고 있습니다.

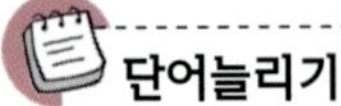

단어늘리기

기본단어

[병원·약국]

痛い	이타이	아프다
お腹	오나카	배
吐く	하쿠	토하다
吐き気	하끼케	구역질
食欲	쇼꾸요꾸	식욕
寒気	사무케	오한, 한기
めまい	메마이	현기증
咳	세키	기침
くしゃみ	쿠샤미	재채기
熱	네쯔	열
頭痛	즈쯔ー	두통
火傷	야케도	화상
充血	쥬ー케쯔	충혈
消化	쇼ー카	소화
不良	후료ー	불량
気分	키붕	기분
悪い	와루이	나쁘다
風邪	카제	감기
引く	히쿠	(감기) 걸리다
肩	카타	어깨
こる	코루	뻐근하다, 결리다

374

安定 あんてい	안떼-	안정
下痢 げり	게리	설사
下痢止め げりど	게리도메	지사제
風邪薬 かぜぐすり	카제구스리	감기약
胃腸薬 いちょうやく	이쵸-야꾸	위장약
食後 しょくご	쇼꾸고	식후
服用 ふくよう	후쿠요-	복용
処方箋 しょほうせん	쇼호-센	처방전
副作用 ふくさよう	후쿠사요-	부작용
花粉症 かふんしょう	카훈쇼-	꽃가루 알레르기

[도서관]

図書館 としょかん	도쇼캉	도서관
冊 さつ	사쯔	책 등을 세는 말. 권, 부
貸し出し か だ	카시다시	대출
借りる か	카리루	빌리다
書き込む か こ	가키코무	써넣다, 기재하다
予約 よやく	요야꾸	예약
利用 りよう	리요-	이용
期間 きかん	키캉	기간
返却 へんきゃく	헨캬꾸	반납
遅れる おく	오쿠레루	늦다
罰金 ばっきん	박킹	벌금
払う はら	하라우	돈을 치르다, 지불하다

[은행]

口座 (こうざ)	코-자	계좌
申込み (もうしこみ)	모-시코미	신청
用紙 (ようし)	요-시	용지
下ろす (お)	오로스	인출하다
為替レート (かわせ)	카와세레-토	환율
両替 (りょうがえ)	료-가에	환전
小銭 (こぜに)	코제니	잔돈
崩す (くず)	쿠즈스	돈을 헐다, 잔돈으로 바꾸다
細かい (こま)	코마카이	(금액이) 작다
交換 (こうかん)	코-칸	교환
送金 (そうきん)	소-킹	송금
貯金 (ちょきん)	쵸킹	저금
残高 (ざんだか)	잔다카	잔고, 잔액, 잔금

[우체국]

郵便局 (ゆうびんきょく)	유-빙꾜꾸	우체국
郵便番号 (ゆうびんばんごう)	유-빔방고-	우편번호
葉書 (はがき)	하가끼	엽서
切手 (きって)	킷떼	우표
手紙 (てがみ)	테가미	편지
小包 (こづつみ)	코즈쯔미	소포
速達 (そくたつ)	소꾸타쯔	속달
航空便 (こうくうびん)	코-쿠-빙	항공편

船便 (ふなびん)	후나빙	배편, 선박 운송
書留 (かきとめ)	가키토메	등기
住所 (じゅうしょ)	쥬-쇼	주소
名前 (なまえ)	나마에	이름
書き込む (かこ)	카키코무	써넣다, 기재하다
中身 (なかみ)	나카미	내용물
送る (おく)	오쿠루	부치다, 보내다
届く (とど)	토도꾸	도착하다

[미용실 · 이발소]

スタイル	스타이루	스타일
変える (か)	카에루	바꾸다
髪 (かみ)	카미	머리칼
髪の毛 (かみけ)	카미노케	머리카락
切る (き)	키루	자르다
カット	캇또	(머리를) 자르다
シャンプー	샴푸-	샴푸
リンス	린스	린스
染める (そ)	소메루	염색하다, 물들이다
パーマ	파-마	파마
髪型 (かみがた)	카미가따	머리형, 헤어스타일
整える (ととの)	토토노에루	가다듬다
ひげ	히게	수염
剃る (そ)	소루	깎다, 밀다

377

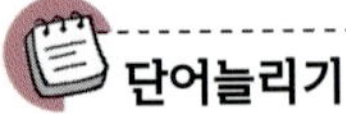 단어늘리기

[렌터카 · 카센터]

オートマチック	오-토마칙쿠	오토매틱, 자동식
大形車	오-가타샤	대형차
カタログ	카타로그	카탈로그, 상품목록
運転	운뗑	운전
免許証	멩쿄쇼-	면허증
料金表	료-킹효-	요금표
前払い	마에바라이	선불
保証金	호쇼-킹	보증금
返す	카에스	돌려주다
ブレーキ	브레-키	브레이크
タイヤ	타이야	타이어
クラッチ	크랏치	클러치
アクセル	악세루	액셀, 가속장치
ギア	기아	기어
バックミラー	박꾸미라-	백미러
トランク	토랑쿠	트렁크
オイル	오이루	오일
満タン	만탕	가득 들어 있음
空気	쿠-키	공기
洗車	센샤	세차
パンク	팡크	펑크
故障	코쇼-	고장
修理	슈-리	수리

空気圧（くうきあつ）	쿠-키아쯔	공기압
はかる	하카루	재다
エンジン	엔진	엔진
焦げる（こげる）	코게루	타다
臭い（におい）	니오이	냄새, 향기
直す（なおす）	나오스	고치다
きず	키즈	상처, 흠집
バッテリー	밧데리-	배터리

[사고]

交通事故（こうつうじこ）	코-쯔-지코	교통사고
けが	케가	상처, 다침, 부상
応急（おうきゅう）	오-큐-	응급
手当（てあて）	테아테	처치
消化器（しょうかき）	쇼-카키	소화기
使い方（つかいかた）	쯔카이카따	사용법
非常ベル（ひじょう）	히죠-베루	비상벨
鳴らす（ならす）	나라스	울리다
警察（けいさつ）	케-사쯔	경찰
助け（たすけ）	다스케	도움, 구조
救急車（きゅうきゅうしゃ）	큐-큐-샤	구급차
医者（いしゃ）	이샤	의사
保険（ほけん）	호켕	보험

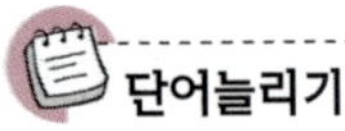 단어늘리기

[분실 · 도난]

忘れる	와스레루	잃어버리다
見つかる	미쯔카루	찾게 되다, 발견되다
なくす	나쿠스	잃다, 분실하다
すり	스리	소매치기
すられる	스라레루	소매치기 당하다
どろぼう	도로보–	도둑
捕まえる	쯔카마에루	잡다, 붙잡다
とられる	토라레루	뺏기다
盗む	누스무	훔치다, 도둑질하다
盗まれる	누스마레루	도난당하다
荷物	니모쯔	짐
財布	사이후	지갑
バック	박꾸	백, 가방
現金	겡킹	현금
紛失物	훈시쯔부쯔	분실물
カウンター	카운타–	카운터
遺失物	이시쯔부쯔	유실물
取扱所	토리아쯔카이쇼	취급소
記入	기뉴–	기입
連絡	렌라꾸	연락
知らせる	시라세루	알리다
届け	토도케	신고, 신고서
盗難届け	토–난토도케	도난 신고

보충단어

[가전제품]

テレビ	테레비	텔레비전
冷蔵庫	레-조-코	냉장고
洗濯機	센탁끼	세탁기
掃除機	소-지키	청소기
エアコン	에아콘	에어컨
扇風機	센푸-키	선풍기
コンピューター	콤퓨-타-	컴퓨터
パソコン	파소콩	퍼스널 컴퓨터
アイロン	아이론	다리미
携帯	케-따이	휴대폰
リモコン	리모콩	리모콘
ラジオ	라지오	라디오
ビデオ	비데오	비디오
ドライヤー	도라이야-	드라이어
トースター	토-스타-	토스터
炊飯器	스이항키	밥솥
電子レンジ	덴시렌지	전자레인지

일본인의 필수 교통수단 "자전거"

일본은 교통수단으로서 자전거를 많이 이용합니다. 우리나라의 인도는 좁고 바닥이 울퉁불퉁하여 자전거가 다니기 불편하지만 일본은 공간이 넓고 바닥이 매끄럽고 턱도 오르내리기 편하도록 잘 만들어져 있어 자전거를 타고 다니기에 편리합니다.

가까운 거리나 조금 먼 거리까지는 대부분 자전거로 이동하는데, 주로 장을 보거나 집에서 역까지의 출퇴근길에 많이 탑니다. 그 때문에 슈퍼나 아파트, 지하철 역 주변 곳곳에 자전거 주차장이 있으며 항상 많은 자전거들이 주차되어 있습니다. 역 주변과 가까운 곳에는 이용료를 받지만 조금 떨어진 곳은 무료로 이용할 수 있습니다. 그리고 대부분의 자전거 앞에 바구니가 달려 있기 때문에 물건을 넣고 다닐 수 있어서 굉장히 편리합니다.

주부들은 아이를 학교에 보내고 데려올 때도 자전거로 마중 나가며 앞뒤로 태우고도 잘 달립니다. 또한, 비가 오는 날에도 우비를 입거나 우산을 쓰고 별 어려움 없이 자전거를 타는 모습을 볼 수 있습니다. 이처럼 일본인들에게 있어서 자전거는 생활의 일부라고 할 수 있을 만큼 편리한 하나의 교통수단으로 자리 잡고 있습니다.

부록

1. 그림 단어

2. 단어 색인(INDEX)

1. 객실

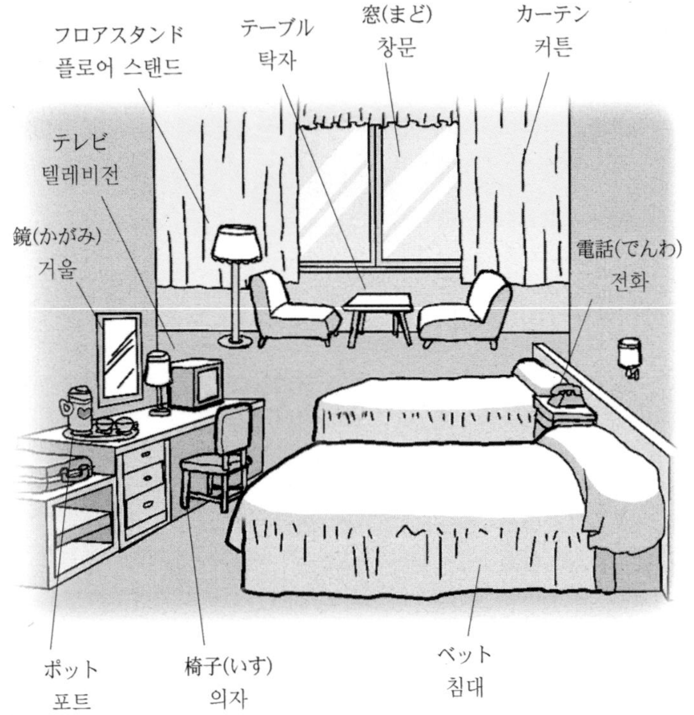

- ソファー　소파
- 電灯(でんとう)　전등
- 枕(まくら)　베개
- 灰皿(はいざら)　재떨이
- コンセント　콘센트
- たんす　옷장

2. 화장실

- 歯(は)ブラシ　칫솔
- シャンプー　샴푸
- ドライヤー　드라이어
- せっけん　비누
- 蛇口(じゃぐち)　수도꼭지
- 剃刀(かみそり)　면도기

3. 컴퓨터

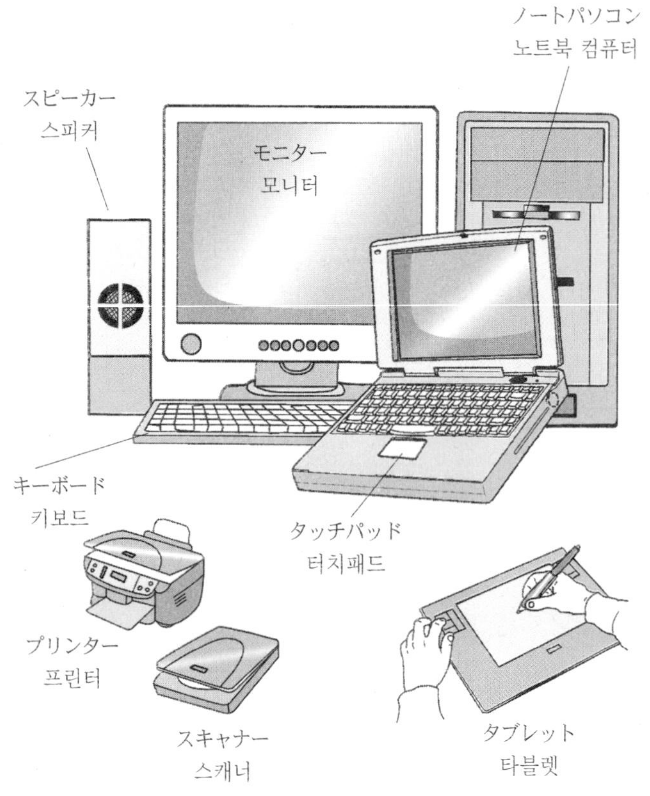

- マウス　마우스
- ドライブ　드라이브
- シーディーロム　CD롬
- ネットワーク　네트워크
- デスクトップパソコン　데스크탑 컴퓨터
- ワードプロセッサー　워드 프로세서

4. 카메라

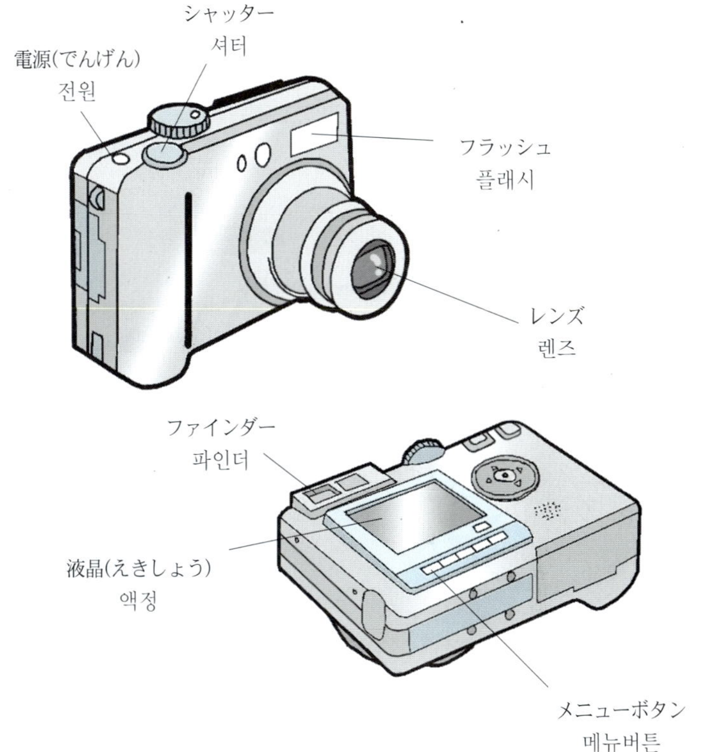

- ズームレンズ　줌 렌즈
- カメラアングル　카메라 앵글
- 内蔵(ないぞう)メモリー　내장메모리
- メモリーカード　메모리카드
- デジタルカメラ　디지털 카메라
- 撮影(さつえい)モード　촬영 모드

5. 자전거

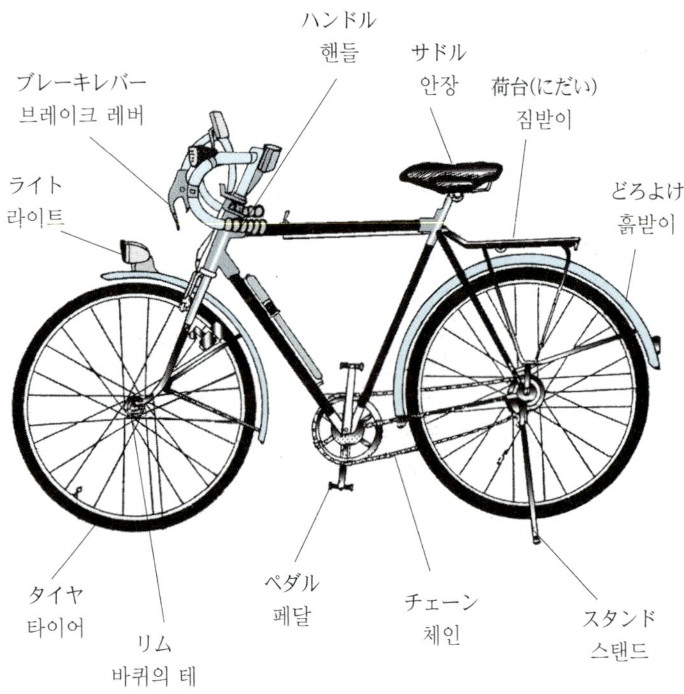

- ホイール　휠(바퀴)
- スポーク　바퀴살
- 変速機(へんそくき)　변속기
- グリップ　손잡이
- ギア　기어

6. 승용차

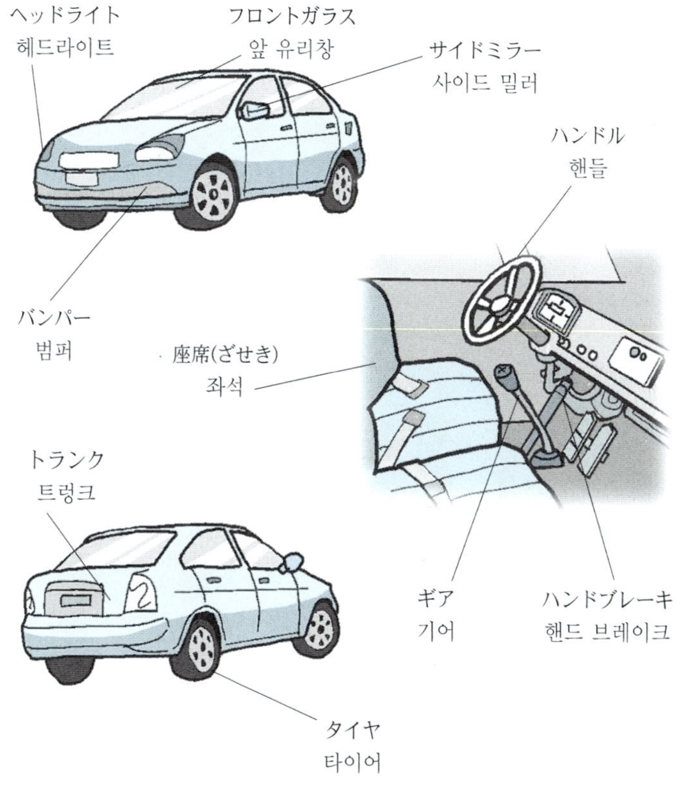

- 警笛(けいてき)　경적
- シートベルト　안전벨트
- バックミラー　백미러
- クラッチ　클러치
- ブレーキ　브레이크
- アクセル　액셀, 가속장치

7. 문구류

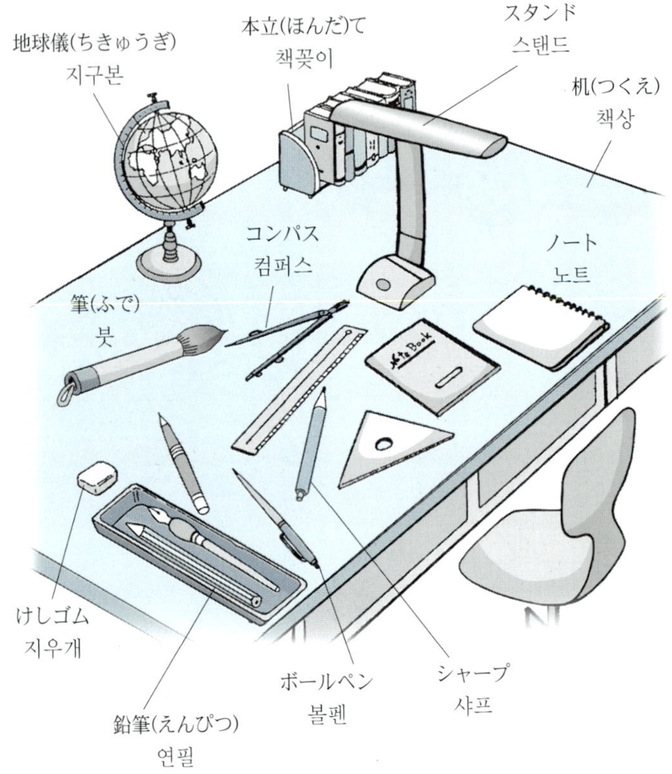

- 定規(じょうぎ)　자
- 本(ほん)　책
- 教科書(きょうかしょ)　교과서
- 万年筆(まんねんひつ)　만년필
- 椅子(いす)　의자
- 引(ひ)き出(だ)し　서랍

8. 인체

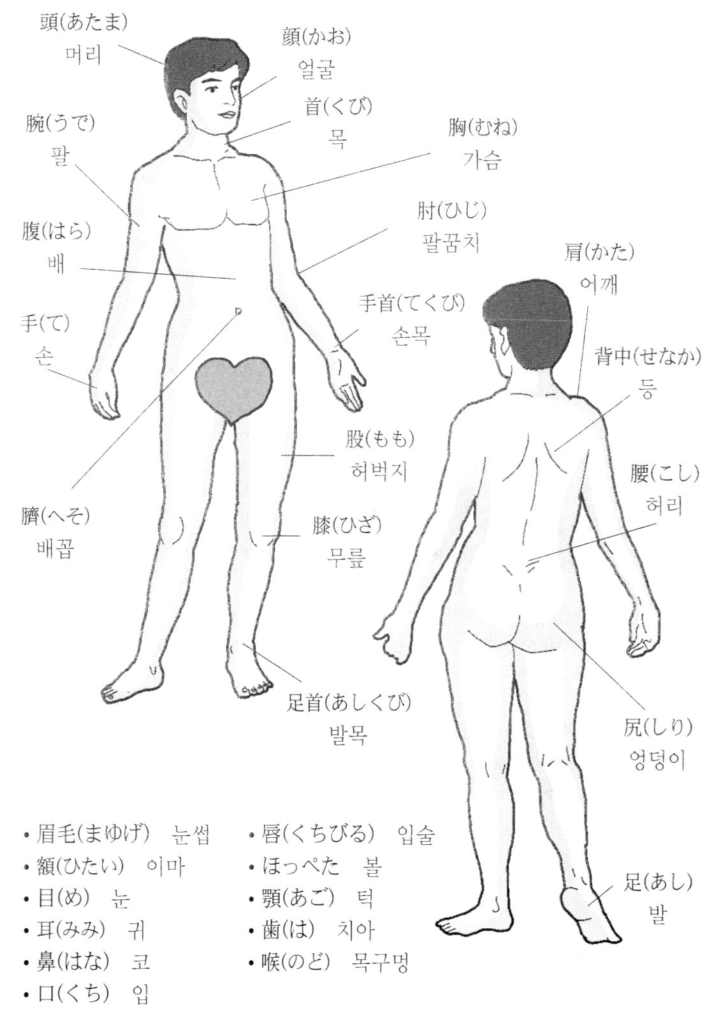

- 眉毛(まゆげ)　눈썹
- 額(ひたい)　이마
- 目(め)　눈
- 耳(みみ)　귀
- 鼻(はな)　코
- 口(くち)　입
- 唇(くちびる)　입술
- ほっぺた　볼
- 顎(あご)　턱
- 歯(は)　치아
- 喉(のど)　목구멍

9. 야채

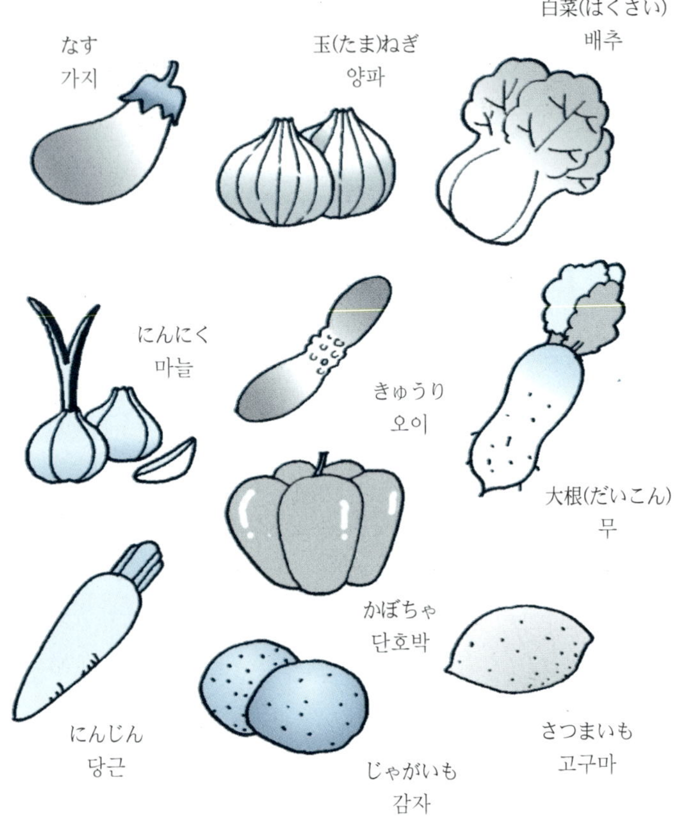

- にら　부추
- ねぎ　파
- レタス　양상추
- キャベツ　양배추
- とうがらし　고추
- ほうれんそう　시금치

10. 과일

- アボカド　아보카드
- マンゴー　망고
- すもも　자두
- 柚子(ゆず)　유자
- グレープフルーツ　자몽
- キウィ　키위

11. 동물(12지)

牛(うし)
소
馬(うま)
말
猿(さる)
원숭이
虎(とら)
호랑이
龍(りゅう)
용
犬(いぬ)
개
蛇(へび)
뱀
猪(いのしし)
멧돼지
ねずみ
쥐
羊(ひつじ)
양
鶏(にわとり)
닭
うさぎ
토끼

INDEX 본문에 수록되어 있는 어휘를 가나다 순으로 배열하여 정리하였습니다.

고맙다	うれしい	관리부	管理部
고바야시(성씨)	小林	관세	関税
고생	苦労	괜찮다	よろしい
고양이	猫	괜찮음	大丈夫
고이노보리	こいのぼり	괴롭다	辛い
고장	故障	굉장하다	すごい
고장	当地	굉장하다	素晴らしい
고장나다	壊れる	굉장함	大変
고치다	直す	교과서	教科書
고추	とうがらし	교수	教授
고통스럽다	辛い	교외	郊外
고향	国	교제하다	付き合う
고향	実家	교차점	交差点
곧	すぐ	교체되다	替わる
곧장	まっすぐ	교체되다	代わる
골프	ゴルフ	교토(지역)	京都
곰	熊	교통	交通
곳	所	교통사고	交通事故
공기	空気	교환	交換
공기압	空気圧	교환증	引換証
공동 경영	合弁	교환하다	取り替える
공복이 되다	空く	교환하다	替える
공부	勉強	구급차	救急車
공연	公演	구두	靴
공중전화	公衆電話	구름	曇
공학	工学	구석	はじっこ
공항	空港	구역질	吐き気
과도하다	行き過ぎる	구조	助け
과연	なるほど	국가	国
과연	やっぱり	국제전화	国際電話
과장	課長	군대	軍隊
관계를 맺다	結ぶ	군마(지역)	群馬
관광	観光	굽다	焼く

깎다	剃る
깜짝 놀람	びっくり
깨끗한	きれい
깨뜨리다	壊す
깨우다	起こす
깨지다	壊れる
(껍질을) 벗기다	むく
꼭 끼다	きつい
꼭 맞음	ぴったり
꽃가루 알레르기	花粉症
꽤	かなり
꽤	だいぶ
꽤 쓸 만하다	いける
꾸미다	飾る
끓이다	煮る
끝	しまい
끝	はじっこ
끝나다	終わる
끝내다	終わらせる

ㄴ

나	私
나가노(지역)	長野
나가다	出かける
나가다	出る
나가사키(지역)	長崎
나고야(지역)	名古屋
나라(지역)	奈良
나쁘다	いけない
나쁘다	悪い
나서다	出かける
나오다	出る

나이	歳
나이	歳(= 才)
나중	あと
나중에	のちほど
나카무라(성씨)	中村
낙심하다	気を落とす
낙타	ラクダ
낚시	釣り
날씨	天気
날씨가 개다	晴れる
남기다	残す
남다	残る
남동생	弟
남성	男性
남자	男
남자답다	男らしい
남자친구	ボーイフレンド
남자친구	彼氏
남쪽	南
남편	主人
남편	夫
낮다	低い
낮잠	昼寝
낱개로 팖	ばら売り
낳다	産む
내년	来年
내려놓다	下ろす
내리다	降りる
내선	内線
내용물	中身
내일	明日
내후년	再来年
냄새	臭い

담당	担当
담당하다	扱う
담배	たばこ
담백	淡白
담백한	さっぱり
당근	にんじん
당신	あなた
닿디	触る
대가족	大家族
대강	だいたい
대나무가지	笹たけ
대단한	たいした
대단함	大変
대단히	たいへん
대단히	とても
대단히	どうも
대신	代わり
대신하다	代わる
대우	もてなし
대접	おかまい
대접	もてなし
대체	代わり
대출	貸し出し
대학교	大学
대학생	大学生
대학원	大学院
대형차	大形車
댁	お宅
댄스	ダンス
더	もっと
더욱	もっと
덜어 먹는 접시	取り皿
덥다	暑い

덧붙다	付く
덮밥	どんぶり
데굴데굴	ごろごろ
~데도	ながら
데치다	ゆでる
도난 신고	盗難届け
도난당하다	盗まれる
도둑	どろぼう
도둑질하다	盗む
도를 넘다	行き過ぎる
도서관	図書館
도심	都心
도와주다	手伝う
도와줌	手伝い
도움	助け
도움이 되다	助かる
도착하다	着く
도착하다	届く
도쿄(지역)	東京
독신	独身
독신 생활	一人ぐらし
독일	ドイツ
독특함	どくどく
돈	お金
돈까스	とんカツ
돈을 헐다	崩す
돌고래	イルカ
돌다	回る
돌다	曲がる
돌려주다	返す
돌리다	回す
돌아가다	帰る
돌아감	帰り

~마다	ごと	말하다	話す
마늘	にんにく	말하다의 공손한 말	申す
마르다	やせる	말할 수 있다	話せる
마른안주	おつまみ	맑은 뒤 흐림	晴れのち曇り
마시다	飲む	맘을 놓는 모양	ほっと
마실 것	飲み物	맛	味
마우스	マウス	맛없다	まずい
마음뿐임	心ばかり	(맛을) 내다	つける
마음쓰다	かまう	(맛이) 진하다	濃い
마음에 두다	気にする	맛있는 음식	ごちそう
마음에 들다	気に入る	맛있다	うまい
마음을 씀	心づかい	맛있다	おいしい
마지막	しまい	망고	マンゴー
마지막 전차	終電	맞다	合う
마침	ちょうど	맞벌이	共稼ぎ
마침 가진 것	持ち合わせ	맞벌이	共働き
막내	末っ子	맞선	見合い
막다른 곳	突き当たり	맞은편	向こう側
막차	終車	맞이하다	迎える
막차	終発	맡다	預かる
만나다	会う	매다	結ぶ
만년필	万年筆	매다	締める
만두	餃子	매달	毎月
만석	満席	매우	たいへん
만약을 위해	念のため	매우	とても
만족스러움	けっこう	매우 귀엽다	愛くるしい
만족하다	気に入る	매우 훌륭하다	素晴らしい
만족하다	満足だ	매월	毎月
만지다	触る	매일	毎日
만취하다	酔っぱらう	매장	売り場
많음	たくさん	매주	毎週
말	馬	매진	売り切れ
말씀하시다	おっしゃる	매진	品切れ

무덥다	蒸し暑い	바꾸다	替える
무렵	ほど	바꾸다	変える
무렵	頃	바꿔 타다	乗り換える
무릎	膝	바뀌다	替わる
무리	無理	바뀌다	代わる
무섭다	恐い	바나나	バナナ
무소식	ごぶさた	바닥나다	切らす
무슨 요일	何曜日	바람	風
무역	貿易	바람이 불다	吹く
무역회사	貿易会社	바쁘다	いそがしい
무지개	虹	바지	ズボン
무척	たいへん	바지	パンツ
묵다	泊まる	바치다	さしあげる
묶다	結ぶ	바퀴살	スポーク
문서	書類	바퀴의 테	リム
문자메시지	メール	박사	博士
묻다	伺う	반	半
물건	物	반 시간	半
물건을 잊고 감	忘れ物	반갑다	うれしい
물고기	魚	반납	返却
물들이다	染める	반지	指輪
물론	もちろん	반품	返品
물수건	おしぼり	받다	もらう
물품	物	받다	受け取る
미국	アメリカ	받다(もらう의 겸사말)	いただく
미술	美術	받음	ちょうだい
미술품	美術品	발가락	指
밀다	押す	발견되다	見つかる
밀다	剃る	밥솥	炊飯器
		밥에 엽차를 부음	お茶漬け
		방	部屋
		방귀	おなら

ㅂ

바꾸다	取り替える	방면	方面

부드럽다	やわらかい	브레이크	ブレーキ
부디	どうか	비	雨
부디	どうぞ	(비, 눈이) 내리다	降る
부르다	呼ぶ	비누	せっけん
부모	両親	비디오	ビデオ
부상	けが	비상벨	非常ベル
부서	部署	비서	秘書
부수다	壊す	비싸다	高い
부엌	台所	비어 있음	空き
부인	奥さん	비우다	外す
부작용	副作用	비정상적이다	おかしい
부장	部長	비즈니스	ビジネス
부추	にら	비즈니스 클래스	ビジネスクラス
부치다	送る	빈둥빈둥	ごろごろ
부탁하다	頼む	빌딩	ビル
~부터	から	빌려 주다	貸す
부하	部下	빌리다	借りる
북쪽	北	빠듯함	ぎりぎり
분('남'의 높임말)	方	빠르다	早い
분만하다	産む	빽빽하다	きつい
분명히	はっきり	뺏기다	とられる
분실물	紛失物	뻐근하다	こる
분실하다	なくす		
분위기	雰囲気		
불가능	だめ		
불고기	焼肉		

人

불량	不良	사건	件
불쌍함	気の毒	사과	りんご
붐비다	込む	사귀다	付き合う
붓	筆	사는 곳	住まい
붓다	注ぐ	사다	買う
붙잡다	捕まえる	사랑스럽다	かわいい
브라질	ブラジル	사랑스럽다	愛くるしい
		사사키(성씨)	佐々木

서랍	引き出し
서류	書類
서리	霜
서양식	洋風
서예	書道
서운하다	寂しい
서쪽	西
서투름	下手
석사	修士
선물	お土産
선박 운송	船便
선배	先輩
선불	前払い
선생님	先生
선선하다	涼しい
선풍기	扇風機
설명	説明
설사	下痢
설탕	砂糖
성가심	世話
성가심	迷惑
성가심	面倒
성실함	真面目
성함	名前
~세	歳(= 才)
세관	税関
세금	税金
세다	強い
세우다	建てる
세일	セール
세차	洗車
세탁	洗濯
세탁기	洗濯機

센다이(지역)	仙台
셋집	借家
소	牛
소금	塩
소나기	夕立
소나기	にわか雨
소리	声
(소리가) 들리다	聞こえる
소매치기	すり
소매치기 당하다	すられる
소비세	消費税
소요되다	かかる
소원	願い
소주	焼酎
소중함	大事
소포	小包
소화	消化
소화기	消化器
속달	速達
속에 들어 있다	含まれる
속옷	下着
(속이) 비다	空く
손	手
손가락	指
손아래	年下
손에 들어오다	手に入る
손위	年上
손잡이	グリップ
솜씨가 뛰어남	腕利き
송금	送金
수건	タオル
수고	苦労
수고	手数

수리	修理	슬슬	そろそろ
수박	すいか	슬퍼하다	悲しむ
수수함	地味	슬프다	悲しい
수신자 부담 통화	コレクトコール	습기	湿気
수업	授業	습득하다	拾う
수염	ひげ	승낙함	承知
수영	水泳	승진	昇進
수요일	水曜日	시각이 지나다	回る
수입	輸入	시간	時間
수출	輸出	(시간이) 지나다	経つ
수취하다	受け取る	(시간이) 흐르다	経つ
수하물	手荷物	시간에 여유가 없음	ぎりぎり
수화기	受話器	시간을 보내다	過ごす
숙박	宿泊	시간표	時刻表
숙박하다	泊まる	시계	時計
숙취	二日酔い	시계가 빨라지다	進む
순조로운	順調	시금치	ほうれんそう
술	お酒	시내	都内
술값	飲み代	시다	すっぱい
술에 취하다	酔う	시도	試し
(술을) 따르다	注ぐ	시부야(지역)	渋谷
쉬다	休む	시시하다	つまらない
슈트	スーツ	시원하다	涼しい
스무살	20才	시작되다	始まる
스즈키(성씨)	鈴木	시작하다	始める
스카프	スカーフ	시장	市場
스캐너	スキャナー	시즈오카(지역)	静岡
스키야키	すき焼き	시큼하다	すっぱい
스타일	スタイル	시험	試し
스튜어드	スチュワード	식당	食堂
스튜어디스	スチュワーデス	식사	食事
스포츠	スポーツ	식욕	食欲
스피커	スピーカー	식초	酢

식후	食後 (しょくご)
신간선	新幹線 (しんかんせん)
신고	申告 (しんこく)
신고	届け (とど)
신고서	届け (とど)
신년	新年 (しんねん)
신뢰	信頼 (しんらい)
신문사	新聞社 (しんぶんしゃ)
신발	靴 (くつ)
신세	世話 (せわ)
신용카드	クレジットカード
신입사원	新入社員 (しんにゅうしゃいん)
신장	身長 (しんちょう)
신장	背 (せ)
신주쿠(지역)	新宿 (しんじゅく)
신청	申込み (もうしこ)
신호	信号 (しんごう)
실례	失礼 (しつれい)
실망하는 모양	がっかり
실시되다	行われる (おこな)
싫어하다	嫌いだ (きら)
심리학	心理学 (しんりがく)
심부름	手伝い (てつだ)
심하다	ひどい
싱겁다	うすい
싱글 룸	シングルルーム
싸다	安い (やす)
싸다	包む (つつ)
써넣다	書き込む (かこ)
썰다	切る (き)
쏟다	注ぐ (そそ)
쓰나미	津波 (つなみ)
쓰는 법	書き方 (かかた)

쓰다	苦い (にが)
쓰다	使う (つか)
쓸 만하다	使える (つか)
쓸 수 있다	使える (つか)
쓸쓸하다	寂しい (さび)
~씩	ずつ
씹는 맛	歯応え (はごた)
씻다	洗う (あら)

ㅇ

아내	妻 (つ)
아는 사이	知り合い (しあ)
아들	息子 (むすこ)
아래	下 (した)
아르바이트	アルバイト
아르헨티나	アルゼンチン
아름다움	きれい
아무쪼록	どうか
아무쪼록	どうぞ
아버지	お父さん (とう)
아버지	父 (ちち)
아쉬움	残念 (ざんねん)
아오모리(지역)	青森 (あおもり)
아이	子供 (こども)
아저씨	おじさん
아주머니	おばさん
아지랑이	かげろう
아직	まだまだ
아직도	まだまだ
아침밥	朝食 (ちょうしょく)
아카사카(지역)	赤坂 (あかさか)
아키하바라(지역)	秋葉原 (あきはばら)

언제	いつ	연결하다	つなぐ
얻다	いただく	연결하다	続ける
얻다	もらう	연극	演劇
얻음의 겸사말	ちょうだい	연금	年金
얼굴	顔	연락	連絡
얼굴빛	顔色	연락처	連絡先
얼마	いくら	연령	歳
엄청난	たいした	연립	アパート
엄하다	きつい	연상	年上
업무	業務	연습하다	習う
업무	仕事	연애	恋愛
엉덩이	尻	연장	延長
～에 가까움	近く	연필	鉛筆
～에서	から	연하	年下
에어컨	エアコン	연하장	年賀状
에어컨	クーラー	연휴	連休
엔진	エンジン	열	熱
여관	旅館	열다	開く
여권	パスポート	열다	開ける
여기	こちら	열리다	開く
여동생	妹	열쇠	鍵(= キー)
여러 가지	いろいろ	열차	列車
여름방학	夏休み	염색하다	染める
여보세요	もしもし	엽서	葉書
여성	女性	영국	イギリス
여우	きつね	영수증	レシート
여위다	やせる	영수증	領収証
여자	女	영업	営業
여자답다	女らしい	영업부	営業部
여자친구	彼女	영화	映画
여전히	相変わらず	옆	横
여행	旅行	옆	隣
역	駅	예쁜	きれい

월요일	月曜日	이번 달	今月
위	上	이번 주	今週
위대하다	偉い	이분	こちら
위스키	ウィスキー	이상	以上
위장약	胃腸薬	이상하다	おかしい
위태롭다	危ない	이슬비	霧雨
위험하다	危ない	이야기하다	話す
유감스러움	残念	이어지다	続く
유감이다	残念だ	이용	利用
유급 휴가	有給休暇	이웃	隣
유스호스텔	ユースホステル	이전	前
유실물	遺失物	이제	もう
유자	柚子	이쪽	こちら
유학	留学	이쪽	こっち
육아	子育て	이층집	二階建て
은행	銀行	이코노미 클래스	エコノミークラス
은행원	銀行員	이토(성씨)	伊藤
음료	飲み物	익숙해지다	慣れる
음악	音楽	익히다	煮る
응급	応急	인기	人気
의논	相談	인사	あいさつ
의도	つもり	인출하다	下ろす
의사	医者	인터넷	インターネット
의자	椅子	일	仕事
의학	医学	일	日
이	この	일기예보	天気予報
이 다음	今度	일본	日本
이르다	早い	일본식	和風
이름	名前	일본식 방	和室
이마	額	일본어	日本語
이모	おばさん	일상 용품	身の回り品
이미	もう	일요일	日曜日
이번	今度	일정	日程

장식하다	飾る
재가	在宅
재다	はかる
재떨이	灰皿
재미있다	楽しい
재미있다	面白い
재즈	ジャズ
재채기	くしゃみ
재킷	ジャケット
저	あの
저	私
저금	貯金
저기	あちら
저녁	夕食
저분	あちら
저쪽	あっち
적다	少ない
적성	適性
적어도	少なくとも
전	前
전갈	言付け
전공	専攻
전근	転勤
전달하다	伝える
전문	専門
전부	みんな
전부	全部
전언	伝言
전언	言付け
전언하다	伝える
전언해 드리다	申し伝える
전자레인지	電子レンジ
전진하다	進む

전철	電車
전하다	伝える
전하다	取り次ぐ
전화	電話
전화 교환원	オペレーター
(전화를) 걸다	かける
(전화를) 끊다	切る
전화번호	電話番号
절반	半
점심시간	昼休み
점점	だんだん
접대	おかまい
접수	受け付け
접수처	受け付け
접시	皿
젓가락	箸
정년	定年
(정도가) 지나치다	過ぎる
정류장	停留所
정말	なるほど
정말	やっぱり
정면	前
정부	政府
정식	定食
정원	庭
정월	正月
정종	日本酒
정차	停車
정체	渋滞
정하다	決める
정해지다	決まる
정확	正確
정확히	ちょうど

(지금) 그대로	そのまま
지급	支払い
지긋지긋하게	うんざり
지나가게 하다	通す
지나가다	過ぎる
지나가다	通る
지나다	通る
지난달	先月
지난주	先週
지다	まいる
지도	地図
~지만	ながら
지바(지역)	千葉
지불	支払い
지불하다	払う
지사	支社
지사제	下痢止め
지연되다	長引く
지우개	消しゴム
지정석	指定席
지진	地震
지치다	疲れる
지하철	地下鉄
직업	仕事
직업	職業
직원	職員
진정되다	落ち着く
진지함	真面目
짐	荷物
집	家
집	住まい
집다	取る
집세	家賃
집안일	家事
집합	集まり
짜다	塩っぱい
짜다	塩辛い
짧다	短い
쯤	頃
~쯤	ほど

ㅊ

차	車
차남	次男
차녀	次女
차림	格好
차차	だんだん
차츰	だんだん
착각하다	間違える
찬물	お水
찬물	お冷や
찬스	チャンス
참새	スズメ
참음	我慢
창	窓
창가 쪽	窓側
창구	窓口
창립	創立
창문	窓
창피하다	恥ずかしい
찾게 되다	見つかる
찾다	探す
찾아뵙다	伺う
책	本
책상	机

컴퓨터	コンピューター	텔레비전	テレビ
코	鼻（はな）	토끼	うさぎ
코끼리	象（ぞう）	토스터	トースター
코뿔소	サイ	토요일	土曜日（どようび）
코트	コート	토하다	吐く（は）
콘서트	コンサート	통과시키다	通す（とお）
콘센트	コンセント	통과하다	通る（とお）
콧물	鼻水（はなみず）	통근	通勤（つうきん）
크기	サイズ	통로쪽	通路側（つうろがわ）
크다	高い（たか）	통역 가이드	通訳ガイド（つうやく）
크다	大きい（おお）	통지하다	知らせる（し）
큰일	大事（だいじ）	통하다	利く（き）
클러치	クラッチ	통화	通話（つうわ）
키	身長（しんちょう）	통화료	通話料（つうわりょう）
키	背（せ）	통화중	話中（はなしちゅう）
키보드	キーボード	퇴근	退勤（たいきん）
키위	キウィ	퇴근	退社（たいしゃ）
		퇴직	退社（たいしゃ）
		퇴직	退職（たいしょく）

ㅌ

타다	焦げる（こ）	튀기다	揚げる（あ）
타다	乗る（の）	튀김	てんぷら
타이어	タイヤ	트렁크	トランク
탁구	卓球/ピンポン（たっきゅう）	트윈 룸	ツインルーム
탁자	テーブル	특급	特急（とっきゅう）
탑승	搭乗（とうじょう）	튼튼함	丈夫（じょうぶ）
탓	せい	틀리다	間違う（まちが）
태어남	生まれ（う）	티켓	チケット
태풍	台風（たいふう）		
택시	タクシー		

ㅍ

(택시를) 잡다	拾う（ひろ）	파	ねぎ
턱	顎（あご）	파마	パーマ
테니스	テニス	파손되다	壊れる（こわ）

한잔	一杯（いっぱい）	허벅지	股（もも）
한턱 내다	おごる	허전하다	寂しい（さび）
할 수 없음	だめ	헐렁헐렁	だぶだぶ
할 수 있다	できる	헤드라이트	ヘッドライト
할머니	おばあさん	헤어스타일	髪型（かみがた）
할머니	祖母（そぼ）	현금	現金（げんきん）
할아버지	おじいさん	현기증	めまい
할아버지	祖父（そふ）	현상	現像（げんぞう）
할인	割り引き（わ び）	현재	ただいま
함께	一緒（いっしょ）	현재	今（いま）
합격	合格（ごうかく）	혈색	顔色（かおいろ）
～합니다	申す（もう）	협력	協力（きょうりょく）
항공	航空（こうくう）	형	兄（あに）
항공권	航空券（こうくうけん）	형제	兄弟（きょうだい）
항공편	航空便（こうくうびん）	형편	都合（つ ごう）
항복하다	まいる	호랑이	虎（とら）
항상	いつも	호실	号室（ごうしつ）
해	歳（とし）	호주	オーストラリア
해	年（とし）	호텔	ホテル
해명	申し訳（もう わけ）	호화로운 식사	ごちそう
해서는 안 됨	だめ	혼선	混線（こんせん）
해외	海外（かいがい）	혼잡을 이루다	込む（こ）
해일	津波（つなみ）	홋카이도(지역)	北海道（ほっかいどう）
핸드폰	携帯電話（けいたいでん わ）	홍수	洪水（こうずい）
햇살	日差し（ひ ざ）	홍차	紅茶（こうちゃ）
～행	行き（ゆ）	화가	画家（が か）
행복	幸せ（しあわ）	화려함	派手（は で）
행사	行事（ぎょうじ）	화사함	派手（は で）
행해지다	行われる（おこな）	화상	火傷（やけど）
향기	匂い（にお）	화요일	火曜日（か ようび）
허가하다	許す（ゆる）	화장실	トイレ
허기지다	減る（へ）	화학	化学（か がく）
허리	腰（こし）	확대하다	引き伸ばす（ひ の）